Hans Staden
Duas viagens ao Brasil

Introdução de Eduardo Bueno

Primeiros registros sobre o Brasil

Tradução de Angel Bojadsen

www.lpm.com.br

L&PM POCKET

Coleção **L&PM** POCKET, vol. 674

Texto de acordo com a nova ortografia.

Título original: *Hans Staden: Zwei Reisen nach Brasilien*
A presente tradução foi primeiramente publicada sob o título *Hans Staden: Primeiros registros escritos e ilustrados sobre o Brasil e seus habitantes* (Terceiro Nome: São Paulo, 1999) e realizada a partir da edição alemã atualizada por Karl Fouquet (*Trautvetter & Fischer Nachfs*, Marburgo, 1981), publicada em São Paulo, em 1941, pela Sociedade Hans Staden.

Primeira edição na Coleção **L&PM** POCKET: fevereiro de 2008
Esta reimpressão: setembro de 2024

Tradução: Angel Bojadsen
Capa: Ivan Pinheiro Machado sobre xilogravura colorizada, 18x14cm, de autor anônimo
Revisão: Renato Deitos e Larissa Roso

CIP-Brasil. Catalogação na Fonte
Sindicato Nacional dos Editores de Livros, RJ

S775d

Staden, Hans, ca.1524-ca.1576
Duas viagens ao Brasil: Primeiros registros sobre o Brasil / Hans Staden; [tradução Angel Bojadsen ; introdução de Eduardo Bueno]. – Porto Alegre, RS: L&PM, 2024.
192p. : il. – (Coleção L&PM POCKET; v. 674)

Tradução de: *Zwei Reisen nach Brasilien*
Apêndice
ISBN 978-85-254-1733-6

1. Staden, Hans, ca. 1524-ca. 1576 - Viagens - Brasil. 2. Índios da América do Sul - Brasil. 3. Índios Tupinambá. 4. Brasil - Descrições e viagens. 5. América - Narrativas anteriores a 1600. I. Título. II. Título: Primeiros registros sobre o Brasil. III. Série.

07-4649. CDD: 981
CDU: 94(81)

Rua Comendador Coruja, 314, loja 9 – Floresta – 90.220-180
Porto Alegre – RS – Brasil / Fone: 51.3225.5777

Pedidos & Depto. comercial: vendas@lpm.com.br
Fale conosco: info@lpm.com.br
www.lpm.com.br

Impresso no Brasil
Primavera de 2024

Sumário

Como era gostoso Hans Staden: um livro para devorar

Eduardo Bueno

Erguido nos confins da ilha de Santo Amaro, na pequena escarpa rochosa junto a qual as águas verde-escuras do canal de Bertioga se misturavam ao azul translúcido do Atlântico, o pequeno forte de São Felipe era o último entreposto militar da América portuguesa. Fora construído nas cercanias da fronteira, ainda indefinida, entre as possessões lusas e espanholas nas lonjuras meridionais do Brasil, e também no exato local onde se confrontavam os limites dos territórios tribais de dois grupos indígenas rivais: os tamoios e os tupiniquins. Aliados dos franceses, os tamoios moviam guerra sem trégua contra os tupiniquins, aliados dos portugueses.

O fortim não era apenas remoto mas perigoso e inseguro, já que a principal rota das incursões dos tamoios contra o nascente vilarejo de São Vicente, no litoral sul de São Paulo, era através do sinuoso e verdejante canal da Bertioga. A floresta majestosa, cheia de vida e cor; o rugido difuso das cachoeiras, as praias virgens de areias faiscantes, os rios explosivamente piscosos, as pequenas ilhotas pontilhando o fecundo emaranhado do mangue, tingidas de escarlate pela plumagem vistosa de imensos bandos de guarás – nada era atrativo suficiente para que soldados portugueses se dispusessem a sentar praça entre as frágeis muralhas de pedra e cal do recém-inaugurado forte de São Felipe da Bertioga. O encargo acabou recaindo no mercenário alemão Hans Staden.

Staden, um jovem aventureiro na casa dos 20 e poucos anos de idade, fora dar com os costados em São Vicente após uma sequência assombrosamente desafortunada de naufrágios e motins. Era a segunda vez que vinha ao Brasil.

Diferentemente da primeira, chegara a bordo de um navio espanhol, integrante da frota comandada por Diego de Sanabria, cujo objetivo era a fundação de pelo menos duas vilas castelhanas no litoral sul do Brasil. Nada poderia contrariar mais frontalmente os interesses lusitanos na região. Por isso, mesmo tendo prestado auxílio aos náufragos, o governador Tomé de Sousa tratou de prender os sobreviventes tão logo os recolheu de sua desdita nas praias varridas pelos ventos de Santa Catarina – local do desastre –, ou os encontrou, famintos e aos farrapos, perambulando pelas ruas embarradas de São Vicente.

Mas além de o alemão Staden não ter maiores vínculos com os espanhóis, ainda possuía experiência como bombardeiro, artilheiro e arcabuzeiro – e o governador concluiu que ele poderia lhe ser útil. E foi assim que Staden acabou indo parar no fortim de Bertioga (corruptela de "buriqui-oca" – ou "morada dos macacos", em tupi). E foi ali que os tamoios o capturaram. E foi então que sua vida mudou para sempre. E foi deste modo que esse relato nasceu.

Está tudo aqui. Ação, aventura e história, conjugadas como sempre deveriam estar. Antropologia e antropofagia; sangue e pólvora. Cenários luxuriantes, conflitos tribais, expansão colonial, guerreiros emplumados, piratas franceses, fé e ceticismo; desamparo e esperança; lealdade e perfídia. Tudo narrado pela ótica de um homem comum, um forasteiro – um estrangeiro em um mundo estranho. A visão de um mero mercenário, um soldado da fortuna, que, ao circular entre líderes como o capitão espanhol Juan Salazar, o comandante português Tomé de Sousa, os jesuítas Manoel da Nóbrega e José de Anchieta e os chefes tribais Cunhambebe e Aimberê, tornou-se, literalmente, testemunha ocular da história – e justo no momento em que o Brasil colônia ainda se retorcia nas dores do parto. O nascimento de uma nação; o ocaso e a agonia de povos em vias de extinção: está mesmo tudo aqui, em linguagem de dia de semana, nas páginas vibrantes desse pequeno livro.

Livrinho que, não por acaso, se tornou *best-seller* desde o dia em que deixou a prensa alemã, em Marburgo, "na terça-feira de carnaval de 1557", como registra o prefácio original, não por acaso nos arredores de onde Gutemberg inventara os tipos móveis; não por acaso publicado em meio à enxurrada de textos lançados pelos reformistas luteranos em seu proselitismo militante; não por acaso escrito por um *ghostwriter*; não por acaso pirateado já em sua segunda edição; não por acaso fartamente ilustrado. E muito menos por acaso, lançado sob o impactante título de *História Verídica e descrição de uma terra de selvagens, nus e cruéis comedores de seres humanos, situada no Novo Mundo da América, desconhecida antes e depois de Jesus Cristo nas terras de Hessen até os dois últimos anos, visto que Hans Staden, de Homberg, em Hessen, a conheceu por experiência própria, e que agora traz a público com essa impressão.*

O notável é que os méritos da narrativa de Staden são tão superlativos quanto os dizeres sensacionalistas que o anunciam. Talvez o maior deles seja oferecer – e não só aos estarrecidos leitores europeus do século XVI, mas também a nós, leitores de um cético e cínico terceiro milênio – a mais acurada e impressionante descrição do banquete antropofágico, aquele "festim canibal" tão característico dos povos Tupi, cujo prato principal era a deglutição eucarística do adversário e o sacramento único, a consumação de uma vingança ancestral. Passados quase cinco séculos da narrativa, o depoimento de Staden ainda se impõe como a fonte primária mais confiável para o estudo do canibalismo ritual – e o impacto da descrição se mantém inalterado. Pode-se supor a avidez com que o texto terá sido, digamos, devorado na Europa renascentista.

Na verdade, não é preciso supor: sabe-se que *História Verídica* teve nada menos que dez reedições em cinco anos, sendo rapidamente traduzida para o holandês (1558), para o latim (1559) e para o flamengo (1560), bem como para o inglês e o francês. Até o século XVIII, já se contavam mais de 70 edições da obra. O livro, no entanto, não foi escrito pelo próprio Staden, que, embora não fosse analfabeto de pai e mãe, com certeza era pouco letrado. O texto é obra de um certo doutor Dryander, alemão estudioso de "matemática e cosmografia" e autor do prefácio original, no qual, aliás, confirma que de fato "reviu, corrigiu e, quando necessário, aperfeiçoou" o original.

Já as xilogravuras que ilustram – e tanto enriquecem – o texto, essas teriam sido produzidas a partir de desenhos feitos diretamente pelo jovem Hans, ou, quando menos, sob sua orientação. Com certeza, pagas por ele o foram, se é verdade o que afirma o douto doutor Dryander. Tão impressionantes e detalhistas eram as imagens que, anos mais tarde, seriam refeitas pelo consagrado gravador flamengo Theodor de Bry, transformando-se então em cenas ainda mais perturbadoras, exalando um fascínio que flerta com a morbidez. A versão com as gravuras de Bry, publicada em Frankfurt, em 1592, espantou e extasiou a Europa letrada daquele fim de século.

Mas a fortuna crítica e a consagração popular de *História Verídica* não se repetiram no Brasil – pelo menos não de início. Embora tenha servido de fonte e inspiração tanto para os apocalípticos poemas de Gonçalves Dias como para os romances algo açucarados de José de Alencar, o livro só foi traduzido para o português em 1892 – e mal. O chefe de polícia, desembargador e ministro cearense Tristão de Alencar Araripe publicou, em tomo especial da revista do Instituto Histórico e Geográfico Brasileiro, uma versão coalhada de erros – nem todos dele, muitos da tradução francesa na qual se baseou. Nem as notas de Richard Francis Burton, o príncipe dos viajantes ingleses, que fora cônsul britânico em Santos (SP) e conhecia bem a região, salvam a obra.

Foi preciso esperar mais oito anos pela primeira edição confiável, publicada às expensas do Instituto Histórico e Geográfico de São Paulo. Traduzida pelo botânico suíço Albert Löfgren, direto do original alemão de 1557, e com caudalosas notas do geógrafo e gênio baiano Theodoro Sampaio, o livro, lançado em janeiro de 1900, iria deflagrar a crescente influência da narrativa de Staden sobre a intelectualidade brasileira. E isso desde o começo, pois o exemplar utilizado por Löfgren fora adquirido em um antiquário parisiense pelo intelectual e milionário Eduardo Prado, um dos fundadores da Academia Brasileira de Letras.

Eduardo Prado era tio de Paulo Prado, também milionário e mentor da Semana de Arte Moderna de 1922, que, desde a juventude, era apaixonado pelo livro de Staden. Foi Prado quem, não por acaso, apresentou a obra aos poetas Raul Bopp e Oswald de Andrade, e à pintora Tarsila do Amaral, mulher de Oswald. Teria sido a partir do relato de Staden – quase que por causa de uma frase específica dele: "Lá vem sua comida pulando", que o desafortunado prisioneiro foi obrigado a dizer tão logo seu captor o conduziu, amarrado e aos saltos, para o centro da aldeia tupinambá de Ubatuba – que Tarsila teria decidido pintar o *Abaporu* ("O Comedor de gente", em tupi) e Oswald encontrou a inspiração para deflagrar o Movimento Antropofágico.

Monteiro Lobato, que, de início, revelou-se um crítico feroz dos apetites modernistas, também se rendeu aos encantos do livro – e diluiu-o, como a tantos, em uma versão infantil, publicada em outubro de 1925, sob o título de *Meu cativeiro entre os selvagens do Brasil*, no qual as atribulações do arcabuzeiro alemão no litoral brasileiro são narradas na voz de Dona Benta. Está certo que, dois anos depois do aperitivo, Lobato lançou, pela mesma Companhia Editora Nacional, as *Aventuras de Hans Staden* – versão menos modificada da obra, mas ainda assim mera adaptação.

No prefácio, Monteiro tratou de se justificar:

> As aventuras de Robinson Crusoé constituem talvez o mais popular livro do mundo. Da mesma categoria são estas de Hans Staden. Se as de Robinson tiveram a divulgação conhecida, proveio de passarem às mãos das crianças em adaptações conforme a idade, e sempre remoçadas no estilo, de acordo com os tempos. Com as de Staden tal não sucedeu – e em consequência foram esquecidas. Quem lê hoje, ou pode ler, o livro de Defoe na forma primitiva em que apareceu? Os eruditos. Também só os eruditos arrostam hoje a leitura do original das aventuras de Staden. Traduzidas ambas, porém, em harmonia moderna, toante com o gosto do momento, emparelham-se em pitoresco, interesse humano e lição moral. Equivalem-se. Anos atrás tivemos

> a ideia de extrair do quase incompreensível e indigesto original de Staden esta versão para as crianças – e a acolhida que teve a primeira edição, bastante larga, leva-nos a dar a segunda.

O fato é que mais de 40 anos se passariam desde a edição traduzida por Löfgren antes que *História Verídica* – que de "indigesta" nada tinha, além de cenas, digamos, mais temperadas – enfim ganhasse nova tradução e novas notas. O sucesso deu-se em 1941, sob os auspícios do Instituto Hans Staden (hoje Instituto Martius-Staden de Ciências, Letras e Intercâmbio Cultural Brasileiro-Alemão). O poeta Karl Fouquet atualizou o texto original da edição de 1557 e Guiomar de Carvalho Franco o traduziu. Embora vetusta e excessivamente literal, a tradução foi considerada a melhor por especialistas do porte de José Honório Rodrigues. Mas o elogio se deve mais às notas e à introdução assinadas por Francisco de Assis Carvalho Franco, que contextualizam o livro no bojo da malfadada expedição de Sanabria, relacionando as perambulações de Staden com os episódios ocorridos durante a viagem de inspeção do governador Tomé de Sousa às chamadas "capitanias de baixo" (dentre as quais se incluía São Vicente) e que constituem um momento-chave no processo de formação territorial do Brasil.

No mesmo ano em que a edição do Instituto era publicada, Cândido Portinari produzia 26 gravuras inspiradas nas xilogravuras originais de Staden. Mas elas levariam mais de meio século até enfim virem a público, o que só ocorreu em 1998, no livro de arte *Portinari devora Hans Staden* (Editora Terceiro Nome). Não por acaso, Portinari e os modernistas influenciaram os criadores do Cinema Novo e, em 1971, Nelson Pereira dos Santos, um dos mentores daquele movimento, dirigiu-se a uma Ubatuba ainda quase tão selvagem e intocada quanto nos tempos de Staden para lá dirigir o clássico *Como era gostoso meu francês*, no qual fundiu antropofagia literal com antropofagia cultural em um mesmo e borbulhante caldeirão.

Mas, como o roteiro se baseia também no relato do pastor calvinista Jean de Léry (que chegou ao Rio de Janeiro em 1557, no mesmo ano em que Hans lançava seu livro em Marburgo), o filme de Nelson Pereira do Santos não se revelou tão fiel à obra original como aquele que Luiz Alberto Pereira realizou em 1999. Em *Hans Staden*, Pereira recria, com minúcias naturalistas e extraordinária precisão etnográfica, toda a trajetória do, a princípio azarado e ao fim e ao cabo sortudo, soldado da fortuna em suas veredas e venturas. Atraiu assim, em especial por meio do DVD, a atenção de uma plateia mais ampla para as desventuras em série do alemão que escapou de ser comido.

O Brasil não alimenta sua própria mitologia histórica. Se o fizesse, Hans Staden seria, se não um herói, quando menos um personagem presente no nosso cotidiano, desde os bancos escolares até as viagens "ecológicas" e de turismo de aventura pelas praias "selvagens" do litoral da Rio-Santos. Em vez disso, seu livro sobrevive de pequenos bocados, lançados aqui e ali – até essa reedição, cuja tradução, assinada por Angel Bojadsen, enfim recupera o tom deliciosamente coloquial do original de 1557, o que afinal nos permite "dialogar" com o jovem aventureiro que, tal e qual Robinson Crusoé, fugiu de casa em busca de ação e quase virou repasto.

Enquanto isso, o forte de São Felipe da Bertioga segue gotejando seu suor de pedras sob o sol do trópico, despencando aos cacos, em uma paisagem desfigurada que não guarda resquícios dos imensos bandos de guarás de plumagem flamante, nem ecoa os ruídos dos bravos guerreiros vestidos com suas penas, e onde os imensos cardumes de paratis deram lugar a um enxame de *jet-skis* impertinentes como mosquitos e turistas engarrafados em busca de improvável descanso, enquanto nuvens negras exaladas em Cubatão viajam pesadas, sobre a serra, se adensando em Ubatuba – a "Ubachuva" de tantas frustrações de fim de férias e o lugar onde Staden renasceu sem ter morrido.

Está tudo aqui, nesse livrinho: caos e canibalismo – já que a história sempre se repete, como farsa ou como tragédia, para aqueles que não conhecem a própria história.

Warhaftig

Historia vnd beschreibung eyner Landt=schafft der Wilden/ Nacketen/ Grimmigen Menschfresser Leuthen/ in der Newenwelt America gelegen/ vor vnd nach Christi geburt im Land zů Hessen vnbekant/ biß vff dise ij. nechst vergangene jar/ Da sie Hans Staden von Hom=berg auß Hessen durch sein eygne erfarung erkant/ vnd yetzo durch den truck an tag gibt.

Dedicirt dem Durchleuchtigen Hochgebornen herrn/ H. Philipsen Landtgraff zů Hessen/ Graff zů Catzen=elnbogen/ Dietz/ Ziegenhain vnd Nidda/ seinem G. H.

Mit eyner vorrede D. Joh. Dryandri/ genant Eychman/ Ordinarij Professoris Medici zů Marpurgk.

Inhalt des Büchlins volget nach den Vorreden.

Getruckt zů Marpurg/ im jar M. D. LVII.

HISTÓRIA VERÍDICA

e descrição de uma terra de selvagens, nus e cruéis comedores de seres humanos, situada no Novo Mundo da América, desconhecida antes e depois de Jesus Cristo nas terras de Hessen até os dois últimos anos, visto que Hans Staden, de Homberg, em Hessen, a conheceu por experiência própria, e que agora traz a público com esta impressão.

Dedicado ao Ilustríssimo e Glorioso Príncipe e Senhor Felipe, Landgrave de Hessen, Conde de Katzenelnbogen, Diez, Ziegenhain e Nidda, meu misericordioso Senhor.

Com um prefácio do dr. Johannes Dryander, conhecido como Eichmann, professor catedrático de Medicina na Universidade de Marburgo.

Nota introdutória da edição original

AO ILUSTRÍSSIMO E GLORIOSO PRÍNCIPE e Senhor Felipe, Landgrave de Hessen, Conde de Katzenelnbogen, Diez, Ziegenhain e Nidda, meu misericordioso Senhor!

MISERICÓRDIA E PAZ EM JESUS CRISTO, Nosso Salvador! Magnânimo Príncipe e Senhor!

O SANTO PROFETA REAL DAVID DIZ NO centésimo sétimo salmo: "Aqueles que atravessaram os mares em navios e fizeram seu comércio nos grandes oceanos; que conheceram a obra do Criador e seus milagres no mar, quando, com Suas palavras, fez-se levantar um vento de tempestade que os erguia de encontro aos céus e os fazia mergulhar nos abismos, com suas almas definhando de medo, cambaleando como os embriagados e não mais sabendo para onde ir; que em seu desespero apelaram para o Senhor e este os conduziu para fora de seu medo, e acalmou o mau tempo, e fez as ondas deitarem, e eles encheram-se de alegria com a volta da calmaria, e o Senhor os fez retornar à terra de sua escolha, então deverão aqueles agradecer ao Senhor a sua bondade e os milagres prestados aos seus filhos os homens, e louvá-lo na comunidade e exaltá-lo entre os mais velhos".

AGRADEÇO AO SENHOR TODO-PODEROSO, criador do Céu, da Terra e do Mar, a seu filho Jesus Cristo e ao Santo Espírito pela grande clemência e misericórdia que me foram tão inesperada e maravilhosamente concedidas quando na terra do Brasil caí em poder dos selvagens Tupinambás, comedores de carne humana, onde por eles fui mantido prisioneiro durante nove meses e a muitos outros perigos sobrevivi.

Sou grato por ter retornado, depois de decorridos tantos anos e após enfrentar tantos perigos para o corpo e a alma em terras estrangeiras, a Vosso Misericordioso Principado, a minha pátria tão querida. Devo relatar humildemente a Vossa Misericordiosa Alteza minhas viagens por terra e mar, que descrevi da forma mais breve para o caso de que Vossa Misericordiosa Alteza, se assim o desejar e quiser, que lhe seja feita a leitura de como eu viajei com a ajuda de Deus, por terra e pelos mares, através dos singelos acontecimentos e dificuldades por onde Deus me conduziu. Mas para que Vossa Misericordiosa Alteza não duvide da veracidade de minha descrição, submeto a Vossa Misericordiosa Alteza meu passaporte anexado a este relatório. Que Deus esteja só em sua honra! Recomendo-me neste ato humildemente a Vossa Misericordiosa Alteza.

EM WOLFHAGEN, 20 DE JUNHO
DO ANO DO SENHOR DE 1556.

SÚDITO DE NASCIMENTO DE VOSSA
MISERICORDIOSA ALTEZA,
HANS STADEN DE HOMBERG, EM HESSEN,
ATUALMENTE CIDADÃO DE WOLFHAGEN.

Prefácio da edição original

Ao Ilustríssimo Senhor Felipe, Conde de Nassau e Saarbrücken etc., seu misericordioso Senhor, deseja o Dr. Dryander muita saúde e oferece-lhe seus serviços.

Hans Staden, que ora faz publicar este livro com seu relato sob forma impressa, pediu-me que revisse, corrigisse e, quando necessário, aperfeiçoasse esta sua História. Eu atendi ao seu pedido por vários motivos. Primeiro, porque conheço há cinquenta anos o seu pai, que nasceu e foi criado na mesma cidade que eu, de nome Wetter, e que naquela sua cidade natal e também em Homberg, em Hessen, onde atualmente mora, sempre demonstrou ser uma pessoa correta, justa e dedicada, e versado ainda nas melhores artes. Se, de acordo com o velho ditado, a maçã não cai longe da árvore, então devemos esperar que Hans Staden, o filho deste honrado homem, se assemelhe ao pai em valor e devoção.

Segundo, assumi o trabalho de rever este pequeno livro com tanto mais alegria e carinho conquanto me apraz dedicar-me às coisas que dizem respeito à matemática, tais como a cosmografia, isto é, a descrição e a medição dos países, cidades e estradas, os quais são retratados de diversas formas neste livro. Eu me ocupo com estas coisas com grande prazer, ainda mais quando observo que as experiências são relatadas de forma aberta e fidedigna e que não existe a mínima dúvida de que este Hans Staden não narra e descreve suas viagens e experiências de acordo com relatos de outras pessoas e sim a partir de uma experiência pessoal aprofundada e certa, e sem erros. Ele não se deixa levar pela busca da fama e pelas vaidades mundanas; ao contrário, quer unicamente servir à honra de Deus e testemunhar a gratidão pela graça recebida de sua libertação. Seu maior desejo é divulgar esta história de forma que qualquer um possa ver quão clemente foi Deus Nosso Senhor ao proteger, contra todas as evidências, Hans Staden de tantos perigos, quando este teve de lhe pedir ajuda, e como Ele lhe permitiu retornar a Hessen, sua pátria amada. Durante os nove meses passados em meio aos selvagens hostis, teve de levar em conta, dia após dia, hora após hora, que a qualquer momento poderia ser impiedosamente morto e devorado.

Por esta indizível misericórdia divina, bem como pelas graças recebidas, quis ele, na medida em que lhe permitiam as modestas forças de que dispunha, demonstrar sua gratidão louvando o Senhor perante todos. Ao realizar esta difícil tarefa, o desenrolar dos acontecimentos levou a que ele descrevesse como tudo aconteceu em suas viagens durante os sete anos em que esteve ausente do país. E porque o fez de forma despojada e desprovida de palavras enfeitadas e pomposas, me convence da autenticidade e sinceridade de seu relato. Também não poderia servi-lo em nada se, em vez da verdade, oferecesse um relato mentiroso!

Além disso, ele é, assim como seus pais, residente aqui no país e não viajou a esmo como um vagabundo, charlatão ou cigano. Ele deveria também temer que outros viajantes, ao retornarem das ilhas, descobrissem suas mentiras.

Vejo provas bastante claras para a confiabilidade de seus dados no fato de ele reportar lugar e hora onde se encontrou com Heliodorus, filho do famoso sábio Eobanus Hessus, na terra dos selvagens. Heliodorus, que já há muito nos deixara para terras distantes e que já considerávamos morto, deve ter visto como este Hans Staden foi impiedosamente feito prisioneiro e levado. Este Heliodorus, no entanto, pode cedo ou tarde, como seria de desejar, retornar, e, se a história de Hans Staden fosse falsa e mentirosa, este poderia desmascará-lo como uma pessoa desonrosa.

Com estas boas provas e conclusões, gostaria de considerar elucidada a questão da veracidade do relato de Hans Staden e ainda apresentar brevemente os motivos pelos quais esta história e outras semelhantes encontram tão pouca acolhida e crédito.

Primeiro, os vagabundos, com suas mentiras absurdas, com suas falsificações e seus relatos inventados, levaram a que se desse pouco crédito às pessoas dignas e amantes da verdade que retornam de terras distantes, e sobre os quais o povo costuma dizer: "Quem quiser mentir que fale de coisas distantes. Pois ninguém irá até lá para conferir. A se dar ao trabalho, preferirá naquilo acreditar".

Mas, com isso, não se conseguirá nada: que, por causa das mentiras, se acabe silenciando a verdade; e deve-se levar em conta a existência de coisas que parecem impossíveis para um homem simples, mas que, pelo homem culto, em contrapartida, quando lhe são submetidas e por ele avaliadas, acabam sendo consideradas como fatos seguros e irrefutáveis, o que de fato são.

Alguns exemplos da astronomia podem servir de ilustração. Nós, moradores da Alemanha e de países vizinhos, sabemos por antigas tradições e por experiência quanto tempo duram o inverno, o verão e as duas outras estações do ano, o outono e a primavera. E também quanto tempo duram o dia e a noite respectivamente mais longo e mais curta no verão e no inverno.

Mas, agora, quando alguém pretende que haja lugares no mundo em que o sol não se põe durante meio ano e em que o dia mais longo dura seis meses ou meio ano, da mesma forma que a noite mais longa; ou que se encontram regiões em que as quatro estações ocorrem duas vezes por ano, portanto, dois verões e dois invernos; ou que o Sol e outras estrelas, na verdade a menor estrela do céu, não importa quão minúscula ela nos pareça, na verdade seria maior que a Terra inteira; e incontáveis outras coisas deste tipo – então o homem simples poderá apenas ter o maior desprezo por tais afirmações e não lhes atribuir o mínimo crédito e considerar tudo absurdo.

No entanto, estas coisas são tão claramente provadas pelos astrônomos que, para os especialistas, não há margem para dúvidas.

Mas o fato de as massas considerarem estas coisas inverídicas não deve fazer com que concordemos que deva ser assim. Em que má situação deveria estar a ciência astronômica, se ela não pudesse oferecer dados exatos sobre os astros e se não pudesse prever com precisão de dia e hora os eclipses do Sol e da Lua. Os eclipses são calculados com séculos de antecedência e os cálculos revelam-se exatos. Sim, dizem as pessoas, quem foi ao céu e viu e mediu tudo? A resposta é: a experiência cotidiana confirma as conclusões da ciência e, portanto, deve-se considerá-la tão exata quanto é exato que obtemos cinco ao somar três e dois. Os fundamentos corretos e as conclusões da ciência permitem-nos medir e calcular quão grande é a distância até a Lua no céu e, mais além, até todos os planetas e finalmente até as estrelas e também quais as dimensões do Sol, da Lua e dos outros astros. Com a ajuda da ciência dos céus, da astronomia e da geometria, pode-se calcular até a circunferência, a curvatura, o tamanho e a dimensão da Terra. O homem simples não conhece todas essas coisas, e tampouco acredita nelas. Deve-se perdoar sua ignorância, pois não aprendeu muito sobre as ciências. Mas que pessoas respeitáveis e muito instruídas duvidem destas coisas cuja veracidade realmente já foi provada é tão condenável quanto prejudicial, pois o homem simples olha para elas, vê seu engano confirmado e diz: se isto for verdade, este ou aquele escritor não o teria refutado. Etc. etc.

O mesmo vale para Santo Agostinho e Firmiano Lactâncio, dois santos, muito sábios, e, ao lado da teologia, homens que se sobressaem também nas belas-artes. Eles duvidam e não querem reconhecer que podem existir antípodas, isto é, homens que de certa forma estão num lugar oposto da Terra e com seus pés contra os nossos, portanto com a cabeça e o corpo pendurados para baixo no céu, e que mesmo assim não caem. Isto pode parecer estranho, mas as pessoas instruídas, no entanto, estão convencidas de que não pode ser de outra forma e que está provado, apesar da pressa com que os santos mencionados e os escritores altamente instruídos o tenham negado. Aqueles homens que moram nas duas extremidades diagonais da Terra devem ser antipódicos; isto é um ensinamento incontestável. Tudo o que está apontado para o céu ergue-se verticalmente em qualquer ponto da Terra. Mas, para encontrarmos os antípodas, nem sequer é necessário dirigirmo-nos para o Novo Mundo. Há antípodas também aqui no hemisfério superior. Quando superpomos a porção de terra mais extremada a oeste, o cabo Finisterra na Espanha, ao leste, ou seja, à Índia, os habitantes destas duas regiões as mais distantes são quase uma espécie de antípodas. Daí alguns pios teólogos concluírem ter sido atendido o pedido feito ao Senhor pela mãe dos filhos de Zebedeu, que um de seus filhos possa sentar-se à sua direita, e o outro, à sua esquerda. Isto teria ocorrido na medida em que São Tiago deve estar enterrado e reverenciado em Compostela, não longe do cabo Finisterra, normalmente chamado de cabo da Estrela Escura, e que o outro apóstolo, João, esteja repousando na Índia, terra do sol nascente. Portanto, já havia antípodas há muito tempo, independentemente de que, no tempo de Agostinho, o Novo Mundo da América, no hemisfério inferior, ainda não tivesse sido descoberto.

Alguns teólogos, em especial Nicolau Lyra, que costuma levar a fama de ser um homem de acertos, são da opinião de que o globo terrestre, isto é, o mundo, está pela metade submerso sob as águas. A metade habitada por nós emerge das águas, a outra está embaixo e tão rodeada de água dos mares que ninguém poderia morar por lá. Isto tudo está em contradição com a ciência da cosmografia, e agora os espanhóis e portugueses descobriram em suas inúmeras viagens marítimas que, no fundo, a verdade é outra, que a terra é ocupada em todas as suas partes, também em suas zonas quentes, o que nossos ancestrais e os autores antigos jamais quiseram aceitar. Nossas especiarias diárias, o açúcar, as pérolas e outras mercadorias do gênero, as conseguimos daquelas terras.

Adiantei essas afirmações aparentemente contraditórias sobre os antípodas e as medições dos astros do céu de forma a justificar minhas conclusões acima. Muitas outras coisas da mesma espécie poderiam ser alinhavadas; mas não quero me alongar demais, de forma a não entediar o leitor.

Poderemos ler muitos desses argumentos no livro do honroso e sábio magistrado Kaspar Goltwurm, o aplicado superintendente de Vossa Alteza e pregador em Weilburg. O livro será publicado proximamente sob forma impressa e em sua sexta parte relatará diversos fenômenos, milagres e aparentes absurdos dos velhos e novos tempos. Ao benévolo leitor que desejar verificar esta questão de forma mais aprofundada indico portanto este livro, bem como outros que tratam do mesmo assunto; por exemplo, o de Gaeloto, sobre coisas incríveis.

Com isso, deve ter sido bastante provado que não devemos rejeitar precipitadamente como mentiras o que parece estranho e incompreensível ao homem simples, como na história a seguir os relatos sobre os habitantes nus das ilhas, que não conhecem, para sua alimentação, nem porcos, nem vacas, nem cavalos, nenhum de nossos objetos de uso comum, como roupas e camas, nem vinho, nem cerveja ou o que o valha, e que precisam se manter e se sustentar a seu modo.

Para finalizar esta introdução, gostaria ainda de expor brevemente o que levou Hans Staden a publicar o relato de suas duas viagens marítimas, bem como de seus deslocamentos em terras estrangeiras. Pois muitas pessoas poderiam interpretá-lo de forma negativa, como se ele quisesse afamar-se ou tornar seu nome importante. Ele mesmo apresentou-o de forma muito diferente para mim e acredito ferrenhamente que pense de outra forma, o que podemos deduzir nós mesmos de alguns trechos de seus relatos.

Ele sofreu muita miséria, teve de enfrentar inúmeras dificuldades, viu sua vida seriamente ameaçada tantas vezes, ao ponto de não esperar escapar e voltar à sua terra. Deus, no entanto, a quem ele recorria esperançoso, sempre o libertou do poder de seus inimigos. Além disso, através de sua fé e de suas preces, ele comoveu a Deus, levando-o a apresentar-se aos ímpios e fazê-los ver como o justo e verdadeiro Deus ainda reina forte e poderosamente. Na verdade, sabemos quc, com suas preces, o crente não deve impor a Deus nem objetivo, nem medida, nem tempo; mas, se a Deus agradou mostrar através de Hans Staden seus milagres aos selvagens pagãos, eu nada poderia ter contra.

É igualmente conhecido como a aflição, a tristeza, a desgraça e a doença geralmente levam as pessoas a Deus, de modo que apelam a Ele quando necessitadas. Alguns o fazem mais cedo, como os católicos, na medida em que se dirigem a um santo qualquer e lhe prometem uma romaria ou uma oferenda ao saírem do infortúnio. Esses votos são fielmente cumpridos, exceto pelas pessoas que querem enganar os santos com um voto. Assim, Erasmo de Roterdã relatará em seus colóquios sobre o naufrágio de um navio, no qual um homem em alto-mar ofereceu a São Cristóvão, de quem há numa igreja de Paris uma imagem de cerca de dez côvados de altura e que parece um grande polifemo, uma vela de igual tamanho, se o ajudasse a sair de seu infortúnio. Ao que o vizinho mais próximo deste homem, que o acompanhava e sabia de sua penúria, o reprovou por tamanha oferenda dizendo-lhe que jamais poderia reunir a cera necessária para uma vela desse tamanho, mesmo que vendesse todas as suas posses e pertences no reino da Terra. Ao que o homem retrucou, falando-lhe baixinho ao ouvido para que o santo não pudesse ouvir: quando ele me ajudar a sair desta dificuldade, dar-lhe-ei quando muito uma vela de sebo de um vintém.

A outra história do naufrágio de um cavaleiro é muito parecida. Quando o cavaleiro viu que seu navio estava naufragando, recorreu a São Nicolau oferecendo-lhe seu cavalo ou seu jumento caso isso o ajudasse em seu infortúnio. O que seu criado ouviu, e disse-lhe que não deveria fazê-lo, pois sobre o que iria montar depois? Ao que o senhor replicou em voz baixa, pois não era para o santo ouvi-lo: fica quieto, quando ele me tiver ajudado, não lhe darei nem o rabo do cavalo.

Assim, ambos quiseram enganar seus santos e esqueceram-se rapidamente das benesses recebidas. Mas Hans Staden tomou para si a tarefa de louvar e agradecer a Deus com o relato e a publicação de suas aventuras, e por sua índole cristã de dar a conhecer ao mundo a graça e a ajuda recebidas, pois não gostaria de ser considerado pelos seus como alguém que esquece as graças de Deus. Caso não fosse esta sua intenção, que devemos reconhecer como honrada e justa, ele poderia ter poupado o tempo e os custos que a impressão e as xilogravuras requerem e que não são poucos.

E porque o redator humildemente oferece e dedica a história que segue a sua sereníssima Alteza, Senhor Felipe, Landgrave de Hessen, Conde de Katzenelnbogen, Diez, Ziegenhain e Nidda, seu soberano e misericordioso Senhor, e que em nome de sua graça a faz imprimir para publicação, e porque ele, Hans Staden, desde há muito foi amplamente interrogado e examinado em todos os aspectos sobre sua viagem marítima e seu cativeiro pelo já mencionado príncipe, nosso magnânimo senhor, em minha presença e na de muitos outros, o que humildemente pude repetidas vezes lembrar a Vossa Alteza e a outros senhores, e por conhecer desde há muito Vossa Alteza como um amigo da astronomia e da cosmografia, resolvi humildemente dedicar este prefácio a Vossa Alteza. Rogo a Vossa Alteza que graciosamente o aceite, uma vez que nada de melhor posso fazer publicar em nome de Vossa Alteza.

Com o que me recomendo humildemente a Vossa Alteza.

Marburgo, dia de São Tomás, em 1556.

PRIMEIRA PARTE

Conteúdo do livro

1. Sobre duas viagens marítimas de Hans Staden, que duraram sete anos e meio. A primeira viagem partiu de Portugal e a segunda, da Espanha, rumo ao Novo Mundo da América.

2. Como Hans Staden serviu, na terra dos selvagens, os Tupiniquins, que estão sob a Coroa portuguesa, como artilheiro na luta contra os inimigos do Rei. Ele seria mais tarde aprisionado e levado pelos inimigos, e permaneceu nove meses e meio sob a ameaça de ser por eles morto e devorado.

3. Como Deus libertou misericordiosa e milagrosamente o prisioneiro, e como Hans Staden retornou à sua amada terra natal.

Tudo isto fez-se imprimir em honra e agradecimento a Deus, por sua bondade e misericórdia.

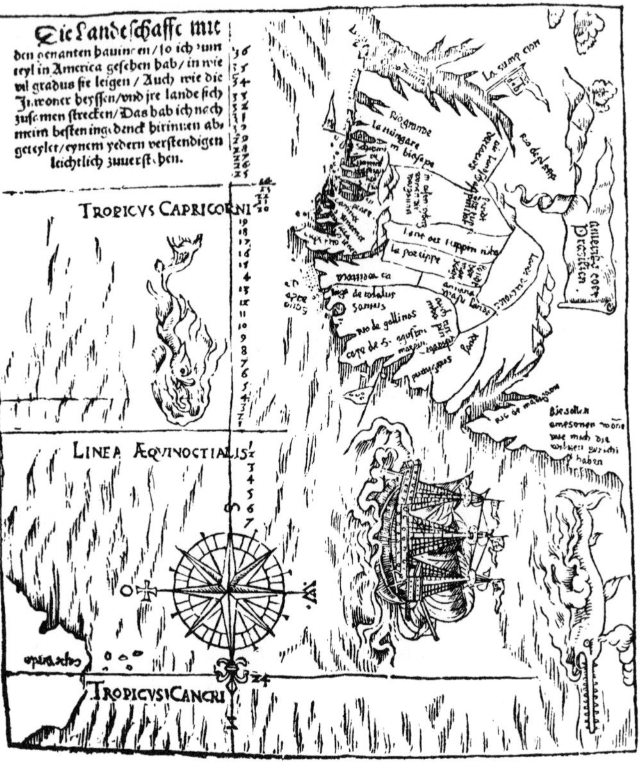

Fig. 1 Mapa da costa brasileira. No canto esquerdo superior: “A terra com os citados portos/ Como em parte os vi na América/ Em quantos graus de latitude se encontram/ Também como se chamam os nativos/ E como suas terras se dispõem/ Isto da melhor maneira que me foi possível recordar/ De modo que possa ser compreendido por qualquer pessoa de inteligência mediana”.

Capítulo I

De que serve na cidade o guarda
E à poderosa nau sua viagem
Se Deus a ambos não resguarda?

Eu, Hans Staden de Homberg, em Hessen, me impus como tarefa, se a Deus agradar, conhecer a Índia e com essa finalidade viajei de Bremen para a Holanda. Em Kampen encontrei navios que pretendiam carregar sal em Portugal. Viajei com eles e cheguei à cidade de Setúbal, depois de navegar durante quatro semanas, em 29 de abril de 1548. De lá me dirigi à cidade de Lisboa, a cinco milhas de distância. Em Lisboa encontrei uma pousada cujo proprietário se chamava Leuhr e era alemão. Fiquei algum tempo com ele, e quando lhe contei que tinha deixado minha terra para navegar para a Índia, ele me disse que eu tinha chegado tarde demais, pois os navios do Rei que viajavam para a Índia já tinham zarpado. No que lhe pedi que me ajudasse a encontrar uma outra oportunidade para a viagem, visto que ele conhecia a língua do país. Comprometi-me a retribuir-lhe de alguma forma.

Ele me engajou num navio como artilheiro. O capitão desse navio, de nome Penteado, tinha a intenção de navegar até o Brasil como comerciante, mas detinha licença para capturar navios que negociassem com os piratas. Também lhe era permitido pilhar navios franceses que negociassem com os selvagens no Brasil. E, por fim, ele deveria levar para o Brasil alguns prisioneiros, que mereceram punição, mas que foram poupados, pois desejava-se estabelecê-los no novo país.

Nosso navio estava equipado com todo o armamento necessário para a guerra no mar. Éramos três alemães a bordo, Hans, de Bruchhausen, Heinrich Brant, de Bremen, e eu.

Fig. 2 Poderoso navio no qual viajou Hans Staden.
Ao alto, as iniciais DH, de desenhista não identificado.

Capítulo 2

A partida de Lisboa, em Portugal, para minha primeira viagem marítima

De Lisboa zarpamos num pequeno navio, que por sinal pertencia a nosso capitão, e chegamos à ilha da Madeira. Essa ilha do Rei de Portugal é habitada por portugueses. Ela é fértil e produz vinho e açúcar. Abastecemo-nos de víveres numa cidade chamada Funchal e depois seguimos para uma cidade chamada Cabo Chir, pertencente a um prín-

Fig. 3 Durante a primeira viagem. Um bragantim.

cipe mouro, um xerife. Anteriormente pertencia ao Rei de Portugal, mas o xerife tomou-a. Nesta cidade esperávamos encontrar navios que, como já mencionado, negociavam com pagãos. *Fig. 3*

Ao chegarmos perto da costa, encontramos numerosos pescadores castelhanos e deles ficamos sabendo quais navios costumavam aportar nessa cidade e, ao nos avizinharmos do porto, vimos um navio totalmente carregado saindo dele. Seguimos e o tomamos, mas a tripulação escapou em um bote. Foi então que avistamos um barco abandonado na praia, que podia ser muito útil junto com o navio capturado, e a ele nos dirigimos. Os mouros cavalgaram velozmente para tentar defendê-lo, mas não tiveram êxito frente ao nosso poder de fogo.

Fig. 4 Frente ao Cabo Ghir.

Com o nosso butim, consistindo em açúcar, amêndoas, tâmaras, peles de cabra e goma arábica, um verdadeiro carregamento, retornamos à ilha da Madeira. Enviamos os navios menores para Lisboa, para que informassem o Rei e para pedir instruções quanto à mercadoria apreendida, pois pertencia em parte a comerciantes de Valência e de Castela. O Rei nos respondeu que devíamos deixar o butim na ilha e continuar nossa viagem; Sua Alteza, entretempo, reuniria informações mais precisas. *Fig. 4*

Fizemos conforme ele ordenara e zarpamos mais uma vez rumo a Cabo Ghir, de modo a averiguar se poderíamos apreender mais mercadorias. Mas nosso empreendimento não teve êxito. O vento nos empurrava para a costa e frustrou nosso plano. Na noite de Todos os Santos nos afastamos da costa marroquina em meio a uma forte tempestade e tomamos o rumo do Brasil.

Quando estávamos a quatrocentos quilômetros da costa do Marrocos, em alto-mar, apareceram muitos peixes nas proximidades do navio e pescamos alguns com o anzol. Entre eles havia alguns grandes, chamados de albacoras pelos marujos, pequenos atuns e de quando em vez dourados. Também havia grande quantidade de um peixe mais ou menos do tamanho do arenque, com pequenas asas dos dois lados, como nos morcegos. Quando percebiam peixes grandes atrás de si a persegui-los, saltavam em grandes quantidades da água e voavam até duas braças acima da superfície, alguns tão longe que quase não se podia vê-los. Depois voltavam a cair na água. Frequentemente os encontrávamos no convés de manhã, onde caíam à noite ao voar. Em português chamam-se peixes-voadores.

Chegamos, então, às proximidades do Equador. Fazia muito calor, pois o sol ficava verticalmente sobre nós ao meio-dia, e houve calmaria de ventos durante dias. À noite, muitas vezes eclodiam fortes trovoadas, com chuva e vento. Começavam e terminavam repentinamente, e devíamos agir com celeridade para não sermos surpreendidos de velas içadas.

Quando, finalmente, surgiu um vento que depois se transformou em tempestade e soprou contra nós durante dias, tememos ficar sem alimentos se perdurasse mais tempo. Por isso rogamos a Deus por ventos favoráveis.

Certa noite, durante forte tempestade, estivemos em sérios apuros. Então surgiram ao longe muitas luzes azuis, como jamais eu tinha visto. Elas desapareciam quando as ondas batiam de frente contra o navio. Os portugueses diziam que essas luzes eram o prenúncio de tempo bom e que eram enviadas por Deus para reconfortar-nos nas dificuldades. Agradeceram a Deus numa prece coletiva, e depois as luzes desapareceram. São chamadas de fogo de Santelmo ou Corpo Santo. Com o raiar do dia o tempo melhorou, e um vento favorável soprava. Concluímos que as luzes deviam significar um milagre divino. *Fig. 5*

Fig. 5 Em alto-mar, com peixes rodeando o navio.

Navegávamos, agora, com um vento favorável, e avistamos, 84 dias depois de termos visto terra pela última vez, em 28 de janeiro de 1549, um morro no Cabo de Santo Agostinho. Oito milhas depois alcançamos o porto de Pernambuco, onde os portugueses estabeleceram um povoado chamado Olinda. Entregamos os prisioneiros ao comandante do lugar, Duarte Coelho. Também descarregamos algumas mercadorias que por lá ficaram, resolvemos nossos afazeres no porto e quisemos seguir viagem em busca de novo carregamento.

Capítulo 3

Como os selvagens de Pernambuco se rebelaram e quiseram destruir um estabelecimento dos portugueses

Por culpa dos portugueses, eclodiu um tumulto dos selvagens numa região, a dos Caetés, que até então tinha sido tranquila, e o capitão do país nos implorou pela graça de Deus que acorrêssemos em ajuda à localidade de Igaraçu, a cinco milhas de Olinda e que os selvagens estavam prestes a tomar. Os habitantes de Olinda, frente à qual estávamos ancorados, não podiam socorrer a outra localidade, pois temiam eles mesmos sofrer um ataque dos selvagens.

Partimos, quarenta homens de nosso navio, em ajuda aos colonos da localidade de Igaraçu, e adentramos num pequeno navio por um braço de mar que se estendia duas milhas para dentro da terra em cuja margem a localidade estava situada. O número dos defensores devia estar em torno de noventa cristãos aptos para a luta. A eles vinham somar-se trinta negros e escravos brasileiros, isto é, selvagens que pertenciam aos colonos. Os selvagens que nos sitiavam foram estimados em oito mil. Nossa única proteção na localidade sitiada consistia numa cerca de varapaus.

Capítulo 4

Como se apresentava a fortificação dos selvagens e como nos deram combate

A localidade onde estávamos sitiados era cercada de mata. Nessa mata os selvagens construíram duas fortificações com espessas toras de madeira. Recolhiam-se para lá à noite e esperavam por eventuais investidas nossas. Durante o dia ficavam em buracos na terra que cavaram em torno do povoado e avançavam quando buscavam escaramuças. Ao atirarmos neles, jogavam-se ao chão de modo a escapar das balas. Mantinham-nos de tal forma sitiados, que do nosso lado ninguém podia entrar ou sair. Chegavam perto do povoado, atiravam numerosas flechas para o alto, que deviam nos atingir ao cair e às quais tinham amarrado algodão embebido de cera. Com essas flechas incendiárias queriam colocar fogo nos telhados das casas. Ameaçavam também nos comer caso nos pegassem.

Tínhamos pouca comida, e esse pouco foi logo consumido. Naquelas terras é comum buscar-se a cada dia ou a cada dois dias raízes frescas de mandioca e com elas fazer farinha ou bolo. Mas não podíamos ir até as plantações.

Ao constatarmos que ficaríamos sem mantimentos, saímos com dois barcos na direção do povoado de Itamaracá para abastecer-nos. Mas os selvagens colocaram grandes árvores sobre a água em nosso caminho e montaram guarda nas duas margens, na esperança de impedir nosso avanço. Conseguimos remover os obstáculos à força, mas veio a maré baixa e ficamos no seco. Nos barcos os selvagens não podiam nos atingir. Por isso trouxeram madeira seca de suas fortificações e jogaram-na entre a margem e os barcos. Queriam incendiá-la e jogar no fogo a pimenta que por lá crescia. A fumaça devia fazer com que tivéssemos de abandonar as embarcações. Não lograram realizar seu plano, pois no entretempo voltou a maré alta. Conseguimos, então, prosseguir até Itamaracá, e os moradores nos abasteceram de mantimentos. Na volta fecharam-nos o caminho no mesmo lugar. Como antes, jogaram árvores na água e permaneceram nas margens. Duas árvores estavam cortadas na parte inferior do tronco e suas copas estavam amarradas com plantas trepadeiras chamadas cipós. Elas crescem como lúpulo, mas são mais grossas. Os selvagens seguravam a outra extremidade dos cipós em suas fortificações e pretendiam esticá-los à nossa passagem, de modo que as árvores quebrassem e caíssem sobre nossas embarcações. Avançamos assim mesmo e passamos, pois a primeira árvore caiu sobre o entrincheiramento deles e a outra caiu na água logo depois de nosso naviozinho passar. Em vez de continuarmos ao encontro dos obstáculos que sobraram de nossa ida, pedimos aos camaradas que ficaram no povoamento sitiado para que viessem em nosso socorro. Mas, quando começamos a chamá-los, os selvagens passaram a gritar para que nossos camaradas não pudessem nos ouvir. Tampouco podiam nos ver, pois havia um bosque separando-nos. Mas estávamos tão próximos que poderiam ter-nos ouvido se os selvagens não tivessem berrado para encobrir nossos apelos. *Fig. 6*

Por fim, trouxemos os mantimentos até a colônia, e, ao ver que não conseguiam fazer nada, os selvagens fizeram as pazes e se retiraram. O sítio demorou quase um mês. Os selvagens tiveram algumas baixas, mas nós, cristãos, não sofremos nenhuma.

Fig. 6 O sítio de Igaraçu.

Para nós, havia ficado claro que os selvagens tinham desistido de seu intuito. Por isso nos retiramos para nosso navio maior, que tinha ficado em Olinda, onde carregamos água e farinha de mandioca para nosso próprio uso. O comandante da localidade de Olinda nos agradeceu.

Capítulo 5

Como partimos de Pernambuco, atingimos a terra dos Potiguaras na Paraíba e encontramos um navio francês, com o qual travamos batalha

Navegamos quarenta milhas até um porto de nome Paraíba, onde carregamos pau-brasil e onde queríamos nos abastecer de mais mantimentos junto aos selvagens. *Fig. 7*

Ao chegarmos, encontramos um navio da França que estava carregando pau-brasil. Atacamo-lo e esperávamos tomá-lo; mas eles danificaram nosso grande mastro com um tiro e escaparam. Entre nossa tripulação houve alguns mortos e alguns feridos.

Após o que, decidimos retornar a Portugal, pois devido a ventos adversos não podíamos retornar ao porto onde queríamos carregar os mantimentos. Assim navegamos sob ventos desfavoráveis e com mantimentos insuficientes em direção a Portugal e sofremos muita fome. Alguns comeram as peles de cabra que tínhamos a bordo. Cada homem recebia diariamente uma tigela de água e um pouco de farinha de mandioca brasileira.

Depois de uma viagem de 108 dias chegamos às ilhas dos Açores, que pertenciam ao Rei de Portugal; lá jogamos âncora, para descansar e pescar. Ao avistarmos um navio no mar, nos dirigimos a ele. Descobrimos que era um navio pirata, que tentou se defender. Mas levamos vantagem e o tomamos, aproveitando para nos apoderar de muito vinho e pão, de que nos regalamos. A tripulação escapou num barco e alcançou uma das ilhas.

Fig. 7 Batalha contra os nativos na Paraíba.

A seguir deparamo-nos com cinco navios do Rei de Portugal, que esperavam por navios da Índia ao largo dos Açores, de forma a escoltá-los até Portugal. Juntamo-nos a eles e acompanhamos um cargueiro apenas chegado das Índias até a ilha Terceira, onde fizemos novamente uma pausa. Numerosos navios tinham-se aglomerado frente a essa ilha, navios que tinham chegado de todas as novas terras e dos quais alguns deviam prosseguir para a Espanha, outros para Portugal. Quando zarpamos juntos da ilha Terceira formávamos um grupo de quase cem navios. Chegamos a Lisboa aproximadamente em 8 de outubro de 1549, depois de uma viagem de dezesseis meses.

Lá fiquei repousando por um longo período e tomei a decisão de viajar com os espanhóis para suas novas dependências. Para tanto deixei Lisboa a bordo de um navio inglês e fui para uma cidade chamada Puerto de Santa Maria, em Castela, onde os ingleses queriam carregar vinho. Prossegui até a cidade de Sevilha e encontrei três navios preparados para uma viagem ao Rio da Prata, uma terra nas Américas. Essa região, o rico Peru, que tinha sido descoberto alguns anos antes, junto com o Brasil, formavam um só continente.

Para continuar a ocupar as terras do Rio da Prata, um certo número de navios fora enviado para lá há alguns anos, dos quais um tinha retornado. Pediram por mais ajuda e relataram que aquelas terras deviam ser muito ricas em ouro. O comandante dos três navios, Don Diego de Sanabria, deveria ser o lugar-tenente do Rei naquelas terras.

Instalei-me a bordo de um dos navios, que estavam muito bem equipados, e logo navegamos de Sevilha até São Lucar, na embocadura do Guadalquivir, rio onde está situada Sevilha. Ficamos lá à espera de ventos favoráveis.

Capítulo 6

A partida para minha segunda viagem marítima, de Sevilha, na Espanha, até a América

No ano do Senhor de 1549, no quarto dia após a Páscoa, içamos velas a partir de São Lucar. Mas, como o vento era desfavorável, fomos primeiro para Lisboa e somente de lá é que nos dirigimos com ventos favoráveis até as ilhas Canárias. Jogamos âncora ao largo da ilha de Palma e carregamos vinho para a viagem. Os timoneiros combinaram de nos encontrar na costa a 28 graus de latitude sul, caso nos perdêssemos durante a travessia.

De Palma seguimos para Cabo Verde, a ilha verde situada na terra dos mouros negros, onde por pouco não

Fig. 8 Durante a segunda viagem.

naufragamos. A seguir rumamos para o Novo Mundo, mas o vento nos era desfavorável e nos empurrou várias vezes para a Guiné, onde também habitam mouros de raça negra. Finalmente aportamos em São Tomé, também uma ilha pertencente ao Rei de Portugal, rica em açúcar, mas pouco saudável. São Tomé é habitada por portugueses. Eles mantêm numerosos escravos negros. Abastecemo-nos de água fresca e prosseguimos a navegação. Durante uma tempestade, à noite, perdemos de vista os dois outros navios e ficamos sós. Os ventos permaneciam muito desfavoráveis. Nestes mares eles sopram predominantemente do sul quando o sol fica ao norte da linha do Equador, e, ao contrário, do norte quando o sol está ao sul do Equador. Porque sopram invariavelmente na mesma direção durante cinco meses, mantiveram-nos fora de nosso curso durante quatro meses. Somente em setembro começaram a soprar do norte. Então pudemos tomar o rumo sudoeste em direção à América. *Fig. 8*

Capítulo 7

Como chegamos às terras da América a 28 graus de latitude, mas não conseguimos achar o porto que nos fora indicado, e como eclodiu uma enorme tempestade na costa

Certo dia, era 18 de novembro, o timoneiro calculou a distância ao polo. Encontrávamo-nos a 28 graus de latitude. Então procuramos terra a oeste e avistamos terra no dia 24 do mesmo mês. Tínhamos ficado seis meses no mar, muitas vezes em situações de grande perigo.

Quando finalmente nos aproximamos da costa, não conseguimos encontrar o porto e os sinais indicados pelo primeiro timoneiro da esquadra. Também não deveríamos nos arriscar a entrar em um porto desconhecido, e ficamos navegando ao longo da costa. Levantou-se então um forte vento e, por temermos naufragar nos arrecifes, amarramos barris vazios uns aos outros, colocamos pólvora dentro deles, tapamos os orifícios de nossas armas e as amarramos aos barris. Ao naufragar, se alguns de nós se salvassem, encontrariam suas armas após as ondas jogarem os barris no litoral. Navegamos contra o vento, esperando, assim, afastar-nos da costa.

Mas de nada adiantara. O vento empurrava-nos contra os arrecifes, que ficavam encobertos quatro braças sob a superfície, e enormes ondas jogavam-nos contra a costa. Pensamos que morreríamos todos juntos.

Foi então, quando já estávamos perto dos arrecifes, que Deus mandou que um de nossos companheiros descobrisse um porto. Entramos e nele vimos um pequeno navio. Ele fugiu e escondeu-se atrás de uma ilha, de modo que o perdemos de vista sem saber de que navio se tratava. Mas não o perseguimos, em vez disso baixamos âncora.

Agradecemos a Deus por ter-nos ajudado em nossa desgraça, descansamos e pusemos nossas roupas para secar.

Deviam ser duas horas da tarde quando baixamos âncora. No início da noite aproximou-se do navio um grande barco repleto de selvagens. Queriam falar conosco, mas nenhum de nós podia entender a língua que falavam. Demo-lhes algumas facas e anzóis, e eles partiram. À noite, de novo veio um barco cheio de gente, e entre eles estavam dois portugueses que nos perguntaram de onde éramos. Ao contar-lhes que vínhamos da Espanha, eles disseram que devíamos ter um timoneiro muito habilidoso, por entrarmos assim no porto, pois o porto era-lhes conhecido, mas com uma tempestade dessas eles não teriam conseguido entrar. Então narramos-lhes com precisão como o vento e as ondas quase nos fizeram naufragar, como estávamos certos de que iríamos morrer, e que de forma inesperada descobrimos a entrada e Deus imprevisivelmente nos ajudou, salvando-nos do naufrágio. Tampouco sabíamos onde estávamos. *Fig. 9*

Ao ouvir isso, ficaram espantados e agradeceram a Deus. O porto no qual estávamos chamava-se Superagui e estava a cerca de treze milhas da ilha de São Vicente, que pertencia ao Rei de Portugal. É lá que eles moravam, e as pessoas que vimos no pequeno navio fugiram porque nos tomaram por franceses.

Perguntamos então a que distância ficava a ilha de Santa Catarina, para onde queríamos ir. Eles responderam que poderia ser trinta milhas ao sul. Lá vivia uma tribo de selvagens chamados Carijós, com os quais deveríamos ter muito cuidado. Os nativos na região de Superagui, os Tupiniquins, no entanto, eram amigos, e deles nada tínhamos a temer.

Finalmente, perguntamos a que latitude ficava Santa Catarina, e a informação deles, de que ficava a 28 graus, estava correta. Ainda nos descreveram detalhes para que pudéssemos reconhecer aquela terra.

Fig. 9 Frente ao porto de Superagui.

Capítulo 8

Como deixamos o porto para procurarmos a ilha de Santa Catarina

Quando o vento leste-sudeste baixou, o tempo ficou bom, e quando levantou-se um vento nordeste, içamos as velas e retornamos para procurar a ilha de Santa Catarina. Não pudemos encontrá-la depois de dois dias de navegação, mas percebemos pelas formas da costa que devíamos ter passado por ela. Por estar o céu coberto, não podíamos medir a distância ao polo. Deveríamos ter feito meia-volta, mas isso era impossível, o vento impedia-nos.

Mas Deus sempre ajuda no infortúnio. Ao rezarmos no final da tarde rogando por sua misericórdia, formaram-se ao sul, ainda antes que terminássemos nossas preces, nuvens escuras, para onde nos empurrou o vento. O nordeste deixara de soprar, durante algum tempo a calmaria foi tamanha que não se ouvia nem um sopro, e depois o vento sul, que raramente aparece nessa estação, começou a soprar. Havia tantos trovões e raios que o medo tomou conta de nós.

O mar ficou muito agitado, pois o vento sul chocava-se contra as ondas do norte. Ficou também tão escuro que não se podia ver nada. O pessoal temia os enormes raios e as fortes trovoadas. Ninguém sabia onde se segurar para enrolar as velas. Todos pensávamos que nos afogaríamos naquela noite. Mas Deus quis que o tempo mudasse e melhorasse. Então navegamos de volta o mesmo trecho que percorremos na véspera e ficamos atentos para o porto. Mas continuamos sem poder encontrá-lo, pois havia inúmeras ilhas frente à terra firme.

Quando chegamos outra vez a 28 graus, o capitão ordenou ao timoneiro que contornasse uma das ilhas, baixasse âncora e verificasse de que terra se tratava. Entramos também num estreito e encontramos um bom porto. Ao ancorarmos, foi decidido que um barco sairia para explorar mais detalhadamente o porto.

Capítulo 9

Como alguns de nós saíram com o barco para explorar o porto e encontraram um crucifixo sobre um rochedo

Quando baixamos âncora, era o dia de Santa Catarina, do ano de 1550. No mesmo dia, alguns de nós partiram com o barco bem equipado, com o intuito de explorar melhor a baía. Imaginamos tratar-se da embocadura de um rio chamado São Francisco, pertencente à província de mesmo nome. À medida que avançávamos, a extensão da água aumentava. Volta e meia olhávamos em busca de fumaça, mas em vão. Avistamos, então, algumas palhoças frente à floresta, num vale. Dirigimo-nos a elas. Eram velhas cabanas desabitadas. Prosseguimos até ficar noite e fomos para uma pequena ilha que estava à nossa frente, na embocadura do rio, para lá pernoitarmos, pois nos parecia o lugar mais seguro. Quando chegamos, já era noite. Por isso, achamos imprudente desembarcarmos para o pernoite. Somente quando alguns de nós contornaram a ilha sem perceber a presença de ninguém é que nos instalamos, fizemos fogo, cortamos uma palmeira e comemos o palmito. *Fig. 10*

Fig. 10 No porto de Santa Catarina.

De manhãzinha continuamos baía adentro, pois queríamos saber a qualquer preço se lá vivia gente. Desde que descobrimos as velhas cabanas, contávamos com isso. Ao avançarmos mais, vimos um pedaço de madeira sobre um rochedo. Parecia uma cruz, e alguns colegas se perguntaram quem poderia tê-la levado para lá. Chegamos mais perto. Era uma grande cruz de madeira, presa ao rochedo por algumas pedras. Num pedaço de fundo de barril amarrado a ela, haviam sido talhadas letras, que, no entanto, não podíamos ler. Ficamos pensando a partir de qual navio as pessoas desembarcaram para erguer a cruz, e não sabíamos se estávamos no porto onde havíamos combinado de nos reunir.

Entramos mais para dentro da baía para explorarmos a região. Mas levamos o fundo de barril. Entretempo, um dos nossos se empenhou em decifrar a inscrição, no que teve êxito. Estava escrito em espanhol: "Si viene por ventura aquí la armada de su Majestad, tiren un tiro, ahí habrán recado". Isto é: "Se por acaso vierem aqui navios de Sua Majestade, deem um tiro e aguardem resposta".

Retornamos rapidamente até a cruz, fizemos um pequeno disparo de falconete e voltamos a penetrar na baía. Pouco depois vimos, ao avançarmos, cinco barcos cheios de selvagens que remavam em nossa direção. Preparamos nossa artilharia. Mas quando chegaram mais perto, vimos um homem vestido e com barba. Ele estava de pé na frente do barco. Vimos que era cristão. Gritamos que se aproximasse com seu barco para que pudéssemos falar; os outros deviam ficar para trás. Quando isso sucedeu, perguntamos em que região estávamos, e ele disse: "Vocês estão no porto de Jurumirim, como os nativos o chamam, ou no porto de Santa Catarina, como os que o descobriram batizaram-no".

Então nos alegramos, pois era esse o porto que estávamos procurando. Estivemos nele e não sabíamos, e tínhamos até chegado nele no dia de Santa Catarina. Por aí pode-se ver como Deus traz ajuda e salvamento aos que a ele apelam com seriedade quando em apuros.

O cristão perguntou então donde vínhamos, e respondemos que pertencíamos à esquadra do Rei da Espanha e que queríamos ir para o Rio da Prata. Havia outros navios a caminho; esperávamos, pela graça de Deus, que eles também chegassem logo, pois queríamos nos encontrar naquele porto. Então ele disse que o ouvia com prazer e agradecia a Deus, pois três anos antes ele mesmo tinha sido enviado da localidade de Assunção, na província do Rio da Prata, pertencente aos espanhóis, para o mar, a uma distância de trezentas milhas. Havia sido encarregado de fazer com que os Carijós, uma tribo amiga dos espanhóis, plantassem mandioca, de modo que os navios recebessem alimentos dos selvagens, quando necessitassem. Assim tinha ordenado o capitão Salazar, que tinha levado notícias para a Espanha e agora retornava com um dos outros navios.

Fomos com os selvagens para suas cabanas, onde também morava o cristão e onde nos receberam ao modo deles.

Capítulo 10

Como fui enviado com um barco cheio de selvagens para nosso grande navio

O chefe de nosso barco pediu, então, ao homem que encontramos entre os selvagens, que organizasse um barco com tripulação para remar com um de nós e os selvagens até o navio. Já estávamos fora por três noites e a bordo não podiam saber como nos encontrávamos.

Quando já estávamos a uma distância de apenas um tiro de escopeta do navio, houve a bordo uma grande gritaria. O pessoal se preparou para a defesa e não nos queria deixar chegar mais perto com o barco; em vez disso, gritaram para mim, para que eu dissesse o que estava acontecendo, onde tinham ficado meus camaradas e por que eu estava voltando sozinho num barco cheio de selvagens. Fiquei quieto e não respondi, pois o chefe do barco tinha ordenado que eu aparentasse tristeza, de forma a ver o que as pessoas a bordo fariam. Como não obtiveram nenhuma resposta, disseram entre si: "Alguma coisa não está em ordem, provavelmente os outros estão mortos, e os selvagens vêm com o homem e deve haver outros escondidos na retaguarda para tomar o navio". Queriam atirar, mas gritaram para mim uma outra vez. Então comecei a rir e disse: "Fiquem calmos. Boas-novas! Deixem-me chegar mais perto, pois quero contar-lhes tudo". Então contei como as coisas estavam, e alegraram-se bastante. Os nativos voltaram para casa com o barco deles. Avançamos com o grande navio para perto das moradias deles e baixamos âncora.

Agora estávamos parados e esperávamos pelos outros navios que havíamos perdido durante a tempestade e que ainda deviam vir. A aldeia dos selvagens chamava-se Cutia, e o homem que havíamos encontrado chamava-se Juan Fernando e era um basco da cidade de Bilbao, e os selvagens eram os Carijós. Trouxeram-nos muita caça e pescado. Em troca lhes demos anzóis.

Capítulo 11

Como o segundo navio, do qual fomos separados durante a viagem, chegou com o primeiro timoneiro de nossa esquadra

Depois de estarmos ancorados por aproximadamente três semanas, chegou o navio no qual estava o primeiro timoneiro. Do terceiro navio não ouvimos mais nada; perdera-se.

Equipamo-nos, então, para a continuação da viagem, e reunimos mantimentos para seis meses, pois até o Rio da Prata havia ainda cerca de trezentas milhas. Quando tudo estava pronto, o grande navio afundou no porto, fazendo com que a viagem planejada não pudesse ser realizada.

Ficamos dois anos na selva e sobrepujamos muitos perigos. Passamos muita fome, tivemos de comer lagartos e ratos do campo e outros animais desconhecidos que conseguíamos apanhar, também animais com carapaças que se agarravam às pedras na água e outros alimentos estranhos. No início os nativos nos traziam bastantes mantimentos, até conseguirem de nós bastantes objetos em troca. Depois, a maior parte se mudava para outros lugares. Também não podíamos confiar neles plenamente.

Portanto, não tínhamos vontade de ficar e perecer ali, e decidimos que a maioria de nós deveria atingir por terra a província de Assunção, que ficava a cerca de trezentas milhas de distância; o resto deveria igualmente chegar até lá, com o navio remanescente. Estes foram escolhidos pelo capitão, e eu estava entre eles.

Aqueles que iam por terra se abasteceram com mantimentos para a marcha na selva. Também levaram consigo alguns selvagens. Muitos dentre eles morreram de fome; os outros atingiram seu destino, como soubemos mais tarde.

Capítulo 12

Como quisemos ir para São Vicente, que pertencia aos portugueses, com o intuito de arrolarmos um navio deles para poder terminar nossa viagem, mas naufragamos em meio a uma grande tempestade e não sabíamos a que distância estávamos de São Vicente

Não longe da terra firme, os portugueses ocuparam uma ilha chamada São Vicente, ou, na língua dos selvagens, Upaû-nema. Essa província fica a setenta milhas do lugar onde estivemos por último. Queríamos navegar para lá e ver se podíamos fretar dos portugueses um navio para a viagem até o Rio da Prata, pois o navio que nos restara era pequeno demais para todos nós.

Com esse intuito alguns de nós partiram sob as ordens do capitão Salazar na direção de São Vicente. Ninguém por ali tinha jamais estado naquela região, exceto um homem de nome Roman, que acreditava poder achar o lugar novamente.

Deixamos o porto de Imbeaçã-pe, que fica a 28 graus e meio de latitude sul, e alcançamos, depois de aproximadamente dois dias e uma viagem de cerca de quarenta milhas, uma ilha, a ilha dos Alcatrazes. Lá tivemos de baixar âncora, pois encontramos vento adverso. Na ilha havia muitas gaivotas do mar, chamadas alcatrazes. Estavam em época de incubação, por isso era fácil matá-las. Desembarcamos na ilha e a exploramos em busca de água doce, mas encontramos cabanas abandonadas, cacos de panelas dos selvagens que tinham habitado a ilha anteriormente, e descobrimos também uma fonte num rochedo. A seguir matamos uma boa quantidade de gaivotas, também recolhemos ovos e no navio cozinhamos as aves e os ovos.

Depois da comida, uma forte tempestade veio do sul, a ponto de não conseguirmos ficar ancorados e temermos que o vento nos jogasse contra os arrecifes. Estava escurecendo. Esperávamos ainda alcançar um porto nas redondezas chamado Cananeia, mas ficou noite antes de conseguirmos chegar. Não pudemos entrar e decidimos nos afastar da costa. O perigo era grande. Temíamos muito que as ondas destruíssem o navio, pois estávamos próximos à costa, onde as ondas são mais altas do que longe da terra, em alto-mar.

Durante a noite nos afastamos tanto da terra que de manhã não conseguimos mais vê-la. Depois de muito tempo avistamo-la novamente, mas a tempestade ficou tão forte que não podíamos nos aguentar. Nesse momento pareceu ao homem que conhecia melhor a região que estávamos na costa frente a São Vicente. Aproximamo-nos, mas surgiram neblina e nuvens, e precisamos jogar ao mar todos os objetos pesados que tínhamos a bordo para deixarmos o navio mais leve por causa das enormes ondas. Com muito medo avançamos na esperança de acharmos o porto onde moravam os portugueses. Mas não pudemos localizá-lo.

Quando as nuvens se afastaram um pouco, de modo que pudemos novamente ver a terra, Roman disse acreditar que o porto estava à nossa frente e que devíamos nos dirigir para um morro, que o porto ficava atrás. Fomos naquela direção. Mas quando chegamos mais perto, não vimos nada mais que a morte frente a nossos olhos. Não era o porto. E agora o vento nos forçava a manter o rumo da costa e levava-nos ao naufrágio. As ondas chocavam-se com toda a força contra a costa, era um espetáculo horrível. Pedimos a Deus misericórdia e ajuda para nossas almas e fizemos o que os homens do mar fazem quando naufragam.

Perto do lugar onde as ondas rebentavam contra as rochas, fomos levantados tão alto que podíamos olhar para baixo como se estivéssemos sobre uma muralha. No primeiro choque o navio se desfez. Alguns pularam na água e nadaram até a terra, outros agarraram-se a pedaços de madeira e também chegaram até a terra. Deus nos ajudou a todos para que saíssemos do mar com vida, e ventava e chovia tão forte que estávamos rijos de frio. *Fig. 11*

Capítulo 13

Como reconhecemos em que lugar da terra estranha naufragamos

Agradecemos a Deus por ter-nos deixado chegar vivos à terra, mas ao mesmo tempo estávamos muito abatidos. Por Roman não conhecer a região, não sabíamos onde estávamos, se longe da ilha de São Vicente ou se perto dela; e se havia selvagens na região que podiam fazer algo contra nós. Então um de nossos camaradas, um francês de nome Cláudio, andando ao longo da praia para aquecer-se, viu atrás das árvores um povoado com casas de estilo cristão. Aproximou-se. Era uma aldeia dos portugueses chamada Itanhaém e ficava a duas milhas de São Vicente. Ele contou aos moradores como tínhamos naufragado, que não sabíamos para onde ir e que a tripulação estava sofrendo muito

Fig. 11 Naufrágio próximo a Itanhaém.

frio. Quando ouviram isso, vieram todos ao nosso encontro, levaram-nos para suas casas e nos deram roupas. Ficamos alguns dias com eles, até recuperarmos nossas forças.

De lá partimos por terra para São Vicente, onde os portugueses nos deram ótima acolhida e nos hospedaram durante algum tempo. Depois, cada um de nós procurou algum trabalho para ganhar seu sustento. Por outro lado, como tínhamos perdido todos os nossos navios, o capitão enviou um navio português para o porto de Imbeaçã-pe para buscar a parte da tripulação que tinha ficado lá. O que foi feito.

Capítulo 14

Como São Vicente está situada

São Vicente é uma ilha próxima à terra firme e na qual há dois povoados. Um deles chama-se São Vicente, em português, e Upaû-nema, na língua dos selvagens, e o outro, a cerca de uma milha e meia de distância, chama-se Enguaguaçu. Além disso, há na ilha algumas quintas, que chamam de engenhos e onde é produzido açúcar.

Os portugueses que vivem ali são amigos de uma tribo dos brasileiros, os Tupiniquins, cujo domínio se estende por cerca de oitenta milhas para dentro da terra e cerca de quarenta milhas ao longo da costa. Ao norte e ao sul moram inimigos dessa tribo. Os inimigos ao sul são os Carijós, e ao norte, os Tupinambás. Estes últimos também são chamados de Tabajaras pelos seus inimigos, o que simplesmente quer dizer "inimigo". Causaram muitas perdas aos portugueses, que por isso devem tomar grande cuidado com eles até os dias de hoje. *Fig. 12*

Capítulo 15

Como se chama o lugar onde os portugueses e os Tupiniquins são mais ferrenhamente combatidos, e como está situado

A cinco milhas de São Vicente encontra-se o povoado de Bertioga. É o primeiro lugar que os inimigos dos portugueses e dos Tupiniquins alcançavam em suas expedições guerreiras a partir do norte, e dali eles continuavam, avançando por entre a ilha de Santo Amaro e o continente, até São Vicente.

Alguns mamelucos, descendentes de selvagens e cristãos, quiseram fechar esta passagem aos Tupinambás. Eram

Fig. 12 Luta dos Tupinambás contra os Tupiniquins e portugueses na ilha de Santo Amaro.

cinco irmãos. O pai deles era português, e a mãe, uma mulher brasileira. Eram cristãos, e igualmente treinados e experientes no modo de guerrear tanto dos cristãos quanto dos selvagens, e dominavam ambas as línguas. O mais velho chamava-se João de Braga, e seus irmãos chamavam-se, pela ordem, Diogo, Domingos, Francisco e André de Braga, e o pai deles, Diogo de Braga. Cerca de dois anos antes de minha chegada, esses cinco irmãos se dispuseram, com a ajuda de Tupiniquins amigos, a construir em Bertioga uma fortificação no estilo dos selvagens para proteger-se dos inimigos, e levaram seu intento adiante. Também alguns portugueses tinham-se estabelecido entre eles, pois a terra era boa.

Seus inimigos, os Tupinambás, cuja fronteira ficava a cerca de 25 milhas de Bertioga, observaram-nos e se armaram. Certa noite, vieram em setenta barcos e atacaram, segundo é seu hábito, pouco antes do amanhecer. Os mamelucos e portugueses retiraram-se para uma casa de barro e defenderam-se. Os selvagens, no entanto, ficaram juntos em suas cabanas e defenderam-se ali tão bem quanto puderam, a ponto de numerosos atacantes tombarem. Mas, no fim, os Tupinambás venceram. Colocaram em chamas o povoado de Bertioga e fizeram todos os selvagens prisioneiros. Contra os cristãos, que deviam estar em número de oito, e contra os mamelucos, no entanto, nada fizeram dentro da casa, pois Deus quis protegê-los.

Tão logo mataram, esquartejaram e distribuíram os pedaços dos corpos dos prisioneiros, os atacantes retornaram às suas terras.

Capítulo 16

Como os portugueses reconstruíram Bertioga e levantaram um forte na ilha de Santo Amaro

Depois desses acontecimentos, pareceu aos comandantes e à administração que seria oportuno não desistirem da povoação, e sim fortificá-la ao máximo, uma vez que de lá se podia defender toda a região. E assim fizeram.

Quando o inimigo percebeu que o lugar estava protegido demais para que pudessem atacá-lo, mesmo assim uma noite os Tupinambás passaram e conseguiram avançar através do canal, entre a ilha e a terra firme, até São Vicente. Lá fizeram tantos prisioneiros quantos quiseram, pois os moradores de São Vicente não tinham imaginado nenhum perigo, uma vez que se sentiam protegidos pela agora fortificada Bertioga. Tiveram de pagar um alto preço.

Decidiram, então, construir uma casa perto da água do outro lado de Bertioga, na ilha de Santo Amaro, e ocupá-la com uma guarnição com peças de artilharia, de modo a impedir a passagem dos selvagens. Também tinham iniciado a construção de uma fortificação na ilha, mas não a terminaram, porque, segundo me contaram, nenhum artilheiro português estava disposto a arriscar-se ali.

Fui para lá e fiz um reconhecimento do lugar. Quando os moradores ouviram que eu era alemão e que sabia um pouco sobre o manejo de canhões, pediram que me instalasse na casa da ilha e os ajudasse a controlar o inimigo. Eles colocariam algumas pessoas à minha disposição e me pagariam um bom soldo. Disseram também que, se aceitasse, o Rei de Portugal saberia recompensar-me, pois o Rei era especialmente generoso com os homens que o ajudavam e aconselhavam nas novas dependências.

Combinei com eles que serviria durante quatro meses na casa. Depois, um encarregado do Rei deveria vir com navios e construir uma casa de pedras, que deveria ser mais forte. E assim foi feito.

Eu passava a maior parte do tempo na casa com dois outros homens. Tínhamos algumas peças de artilharia, mas estávamos sempre sob ameaça e nunca muito seguros quanto aos selvagens, pois a casa não era particularmente sólida. Tínhamos também de montar guarda com empenho, de modo a que os selvagens não passassem escondidos à noite. O que tentaram fazer algumas vezes. Mas Deus nos ajudou, e descobrimo-los durante nossas vigílias.

Alguns meses mais tarde chegou o lugar-tenente do Rei, pois a comunidade lhe escrevera relatando com que desenvoltura o inimigo vindo do norte se comportava, como era bela a terra, e que não seria oportuno abandoná-la. O governador Tomé de Sousa tinha de encontrar uma solução. Ele inspecionou a região de Bertioga e também o lugar que a comunidade queria fortificar.

Contaram também ao governador sobre os serviços que eu tinha prestado à comunidade, na medida em que fiquei na casa em que nenhum português queria ficar por ser tão mal protegida. Isso agradou-lhe muito e ele disse que iria reportá-lo ao Rei, se Deus o ajudasse a retornar a Portugal, e que eu seria recompensado pelo que fizera.

Meu prazo tinha então terminado, isto é, os quatro meses que prometi servir à comuna, e solicitei que me dessem baixa. Mas o governador e a comunidade quiseram manter-me a serviço deles por algum tempo ainda. No que acedi, e para um período de dois anos. Quando esse período findasse, deveriam deixar-me partir, sem causar a menor dificuldade, e voltar para Portugal no primeiro navio em que encontrasse lugar. Lá eu receberia a recompensa por meus serviços. Em seguida, o governador preparou em nome do Rei um contrato, como aquele que é feito com os artilheiros reais quando estes o solicitam.

A fortificação de pedras foi construída e nela foram instalados alguns canhões. A fortificação e os canhões foram colocados sob minha responsabilidade. Eu devia vigiá-los e mantê-los sob a minha guarda.

Capítulo 17

Como e por que deveríamos temer o inimigo em duas épocas do ano mais do que no resto do tempo

Devíamos tomar cuidados especiais com os Tupinambás duas vezes por ano, quando entravam com violência nas terras dos Tupiniquins. Uma dessas épocas é novembro, quando o milho, que eles chamam de abati, fica maduro, e com o qual preparam uma bebida que chamam de cauim. Para tanto também usam raízes de mandioca, de que empregam um pouco na mistura. Assim que voltam das expedições guerreiras com o abati maduro, preparam a bebida e com ela comem seus inimigos, quando aprisionam algum. Alegram-se o ano inteiro já por conta da época do abati.

Também em agosto devíamos contar com eles. Nesta época eles perseguem uma espécie de peixe que migra do mar para os rios de água doce para a desova. Estes peixes chamam-se piratis, na língua deles, e lisas, em espanhol. Nesta época eles normalmente empreendem uma expedição guerreira com o intuito de poderem se abastecer melhor com alimentos. Eles pescam os peixes em grande número com pequenas redes, também atiram neles com flechas e retornam com muitos deles fritos para casa. Também fazem deles uma farinha, que chamam de piracuí.

Capítulo 18

Como fui capturado pelos selvagens

Eu tinha um selvagem da tribo dos Carijós; ele era meu guarda-costas. Ele me trazia caça, e normalmente eu ia para a floresta com ele.

Certo dia, veio me ver na fortificação onde eu morava um espanhol da ilha de São Vicente, que fica a cinco quilômetros. Com ele veio um alemão de nome Heliodorus Hessus, filho do falecido Eobanus Hessus. Heliodorus trabalhava num engenho de São Vicente; assim são chamadas as casas onde se produz açúcar. Este pertencia a um genovês de nome Giuseppe Adorno. Ele era escrivão e tesoureiro dos comerciantes do engenho. Eu já tinha travado conhecimento com Heliodorus anteriormente; quando naufraguei com os espanhóis e o encontrei na ilha de São Vicente, ajudou-me amigavelmente. Veio ao meu encontro para ver como eu estava, pois tinha ouvido falar que eu adoecera.

Eu havia enviado meu escravo alguns dias antes para a floresta, onde ele devia caçar, e eu mesmo pretendia ir no dia seguinte buscar caça, de forma que tivéssemos algo de comer, pois naquela terra só há o que se busca na natureza.

Quando eu estava andando na floresta, eclodiram grandes gritos dos dois lados da trilha, como é comum entre os selvagens. Os homens vieram na minha direção e eu reconheci que se tratava de selvagens. Eles me cercaram, dirigiram arcos e flechas contra mim e atiraram. Então gritei:

"Que Deus ajude minha alma!". Nem tinha terminado estas palavras, eles me bateram e empurraram para o chão, atiraram e desferiram golpes de lança sobre mim. Feriram-me – Deus seja louvado – apenas numa perna, mas me arrancaram a roupa do corpo, um deles o casaco, um outro, o chapéu, o terceiro, a camisa, e assim por diante.

Depois começaram a brigar por minha causa: um deles dizia ter sido o primeiro a me achar, o outro, que tinha me capturado. Enquanto isso, os outros batiam em mim com os arcos, e finalmente dois deles me levantaram do chão, onde eu estava estendido completamente nu; um deles me segurou por um braço, o segundo pelo outro, alguns à minha frente, outros atrás de mim, e assim caminharam rapidamente comigo pela floresta em direção ao mar, onde estavam suas canoas. *Fig. 13*

Fig.13 Captura de Hans Staden.

Quando me trouxeram para a praia, avistei a uma distância de um a dois arremessos de pedra suas canoas, que tinham puxado para a terra e escondido debaixo de árvores. Perto dos barcos ainda havia uma grande quantidade de selvagens, e assim que viram como eu estava sendo levado, todos acorreram na minha direção. Estavam, como é comum entre eles, ornados de penas e mordiam-se nos braços para fazer-me entender de forma ameaçadora que iriam me comer. À minha frente agitava-se um chefe com uma maça, como aquelas que usam para matar os prisioneiros. Ele falava e lhes contava que comigo eles tinham capturado um peró – assim chamavam os portugueses – e que me tinham feito escravo e que agora, comigo, iriam vingar a morte de seus amigos. Ao lado dos barcos, alguns deles me deram socos. A seguir apressaram-se em empurrar as canoas para a água, pois temiam que em Bertioga o alarme fosse dado, o que de fato aconteceu.

Mas, antes de colocar as canoas na água, amarraram-me as mãos. Eram de várias aldeias e alguns estavam contrariados porque voltariam para casa sem presa. Por isso discutiram com os que tinham a minha posse. Alguns diziam que estiveram tão perto de mim quanto os outros, por isso também queriam um pedaço de mim; portanto, eu deveria ser morto na hora.

Eu estava ali e rezava e olhava ao meu redor, porque esperava o golpe a qualquer momento. Finalmente, o chefe que queria me guardar tomou a palavra e disse que deviam me levar vivo para casa, para que seus amigos também me vissem vivo e tivessem prazer comigo. Então iriam me matar, cauim pepica, isto é, preparar bebida, reunir-se, fazer uma festa e comer-me, todos juntos. Assim foi decidido e me amarraram com quatro nós no pescoço. Eu devia subir numa das canoas enquanto os selvagens ainda estavam na margem. Então amarraram as pontas da corda no barco e empurraram-no para a água, para voltar para casa.

Capítulo 19

Como os selvagens queriam partir comigo e como vieram os nossos para resgatar-me. Uma escaramuça

Perto da ilha de Santo Amaro há uma pequena ilha onde se aninham pássaros aquáticos com plumas vermelhas, chamados guarás ou garças. Os selvagens me perguntaram se seus inimigos, os Tupiniquins, já haviam estado ali este ano e apanhado pássaros quando estes estavam com seus filhotes. Eu disse que sim, mas mesmo assim eles quiseram ver, pois têm grande apreço pelas penas desses pássaros. Seus ornamentos são, em geral, feitos de plumagem. Os jovens guarás têm primeiro penas branco-azuladas, depois, quando aprendem a voar, ficam preto-acinzentadas. Com elas, voam aproximadamente um ano, até ficarem tão vermelhas quanto tinta vermelha.

Os selvagens se dirigiram então para a ilha e ali esperavam encontrar pássaros. Mas, quando estavam a uma distância de apenas dois tiros de escopeta do lugar onde embarcaram, viram, ao redor: estava infestado de Tupiniquins, e entre eles viam-se alguns portugueses.

Um escravo seguiu-me quando fui aprisionado. Ele escapou e deu alarme. Agora queriam libertar-me e gritaram para os Tupinambás que voltassem e lutassem com eles, se tivessem coragem. O que realmente fizeram. A partir da terra firme atiravam sobre nós com escopetas e flechas, e os selvagens nos barcos atiravam de volta. Eles soltaram minhas mãos, mas deixaram-me a corda no pescoço. O chefe do barco no qual eu estava tinha uma escopeta e um pouco de pólvora. Ambos lhe tinham sido dados por um francês em troca de pau-brasil. Obrigaram-me a atirar com a escopeta contra as pessoas na margem.

Depois de algum tempo de escaramuça, os Tupinambás, de repente, se deram conta de que os outros também podiam providenciar barcos e vir atrás deles. Por isso foram embora, depois que três deles foram mortos. Remando, passaram a uma distância de aproximadamente um tiro de uma peça de artilharia leve, um falconete, da fortificação de Bertioga, onde eu estivera, e fizeram-me ficar de pé no barco, de modo que meus camaradas pudessem me ver. Estes fizeram dois disparos de arma pesada em nossa direção, mas os projéteis não nos alcançaram.

Nesse entretempo, alguns barcos vieram de Bertioga ao nosso encalço. Meus amigos pensavam alcançar-nos, mas fizeram meia-volta quando viram que não conseguiriam. Os selvagens estavam remando rápido demais.

Capítulo 20

O que ocorreu durante o percurso até a terra dos Tupinambás

Depois de uma travessia de sete milhas – eram quatro horas da tarde do mesmo dia, a julgar pela posição do sol –, eles remaram até uma ilha e puxaram os barcos para a areia. Pretendiam passar a noite ali. Arrastaram-me para a terra. Mas eu não podia ver nada, pois meu rosto estava todo machucado, e não podia andar por causa da ferida na perna. Portanto, tive de ficar estendido na areia. Ficaram ao meu redor e, gesticulando, davam a entender como pretendiam devorar-me. *Fig. 14*

Em meio à minha grande aflição e tristeza, pensava em coisas que jamais me tinham vindo à mente neste triste vale de lágrimas onde vivemos, e cantei, com lágrimas nos olhos, do mais profundo do coração, o salmo: "Do fundo da miséria clamo pelo Senhor", o que faria os selvagens dizer: "Vejam como berra, agora o lamento apoderou-se dele".

Então chegaram à conclusão de que não seria bom passar a noite na ilha e acampar, e atravessaram para a terra firme. Já era noite quando chegamos. Havia naquele lugar cabanas que tinham sido construídas anteriormente. Puxaram as canoas para fora da água, fizeram fogo e me

Fig. 14 Hans Staden sendo levado como prisioneiro para Ubatuba.

estenderam nas proximidades. Eu devia dormir numa rede, o que eles chamam de ini. São as camas deles. Amarram-nas pelas extremidades em dois postes sobre o solo, ou em duas árvores, quando estão na floresta. Por uma das pontas, amarraram numa árvore a corda que eu tinha no pescoço. À noite ficaram deitados à minha volta e me ridicularizaram e chamaram na língua deles: "Chê reimbaba indé", que significa: "Você é meu animal aprisionado".

Ainda antes do amanhecer, seguiram caminho e remaram o dia inteiro. Quando o sol indicava a hora das ave-marias e eles ainda estavam a duas milhas do lugar onde queriam pernoitar, uma enorme e tenebrosa nuvem negra se formou e veio atrás de nós. Eles tiveram medo dela e remaram rapidamente para alcançar a terra. Mas perceberam que não iam conseguir escapar e disseram-me: "E mongetá nde Tupã t'okuabé amanasú jandé momaran eyma resé". O que vem a ser: "Fale com seu Deus para que a grande chuva e o vento não causem dano".

Calei-me e rezei por Deus, como estavam pedindo: "Ó todo-poderoso, Senhor do Céu e da Terra, que ouviste e ajudaste desde a aurora da humanidade, quando implorado teu nome. Mostra aos descrentes tua misericórdia. Faze-me saber se ainda estás comigo. Mostra aos selvagens pagãos que não sabem nada de ti que tu, meu Senhor, ouviste minha prece". *Fig. 15*

Fig.15 A grande nuvem de temporal perto de Ocaraçu. Vê-se Hans Staden deitado e rezando na canoa da esquerda.

Eu jazia amarrado no barco e não via nada da nuvem ameaçadora. Os selvagens, no entanto, olhavam para trás e diziam: "Oduá amõ amanasu". O que significa: "A grande tempestade está passando ao largo". Finalmente consegui me ajeitar um pouco e olhei ao redor. A nuvem desaparecera. Agradeci então a Deus.

No continente os selvagens me trataram como no dia anterior. Amarraram-me a uma árvore, acamparam à minha volta durante a noite e contavam que agora estávamos perto de sua terra e que chegaríamos lá no início da noite do dia seguinte. Algo que não era para me deixar feliz.

Capítulo 21

Como os selvagens se comportaram comigo no primeiro dia em sua aldeia

No dia seguinte, a julgar pelo sol, devíamos estar na hora das ave-marias, quando vimos suas habitações. Estávamos viajando havia três dias e desde Bertioga, onde fui capturado, havíamos percorrido trinta milhas.

Ao nos aproximarmos, nos deparamos com uma pequena aldeia de sete cabanas. Chamavam o lugar de Ubatuba. Dirigimo-nos a uma praia dando para o mar aberto. Bem perto, as mulheres trabalhavam numa lavoura de plantas de raízes que chamam de mandioca. Muitas mulheres estavam empenhadas em arrancar as raízes, e eu fui obrigado a gritar-lhes em sua língua: "Aju ne xé pee remiurama", isto é: "Estou chegando, sou a vossa comida".

Desembarcamos. Nesse momento, todos, jovens e velhos, saíram de suas cabanas, que ficavam num morro, e queriam me ver. Os homens foram com seus arcos e flechas para suas cabanas e entregaram-me às mulheres, que ficaram comigo. Algumas andavam à minha frente, outras atrás de mim, e enquanto isso dançavam e cantavam uma canção, o que, segundo seus hábitos, fazem perante o prisioneiro que querem comer. Levaram-me, então, até a caiçara, a fortificação de grossos e longos varapaus que cerca as cabanas como uma cerca faz com um jardim. Necessitam dela como proteção contra seus inimigos. No interior da caiçara as mulheres se jogaram sobre mim, golpearam-me com os punhos, arrancaram-me a barba e disseram na língua delas: "Xe nama poepika aé!", "com este golpe vingo o homem que foi morto pelos teus amigos".

Nisto me levaram para a cabana onde tive de deitar numa rede, e mais uma vez vieram as mulheres e bateram em mim, arrancaram meus cabelos e mostraram-me de modo ameaçador como pretendiam me comer.

Neste entretempo, os homens se juntaram numa outra cabana. Lá beberam cauim e cantaram em honra aos seus ídolos, chamados maracás, que são matracas de cabaças e que tão corretamente lhes anunciaram a minha captura.

Eu podia ouvir o canto, mas durante meia hora não houve homens perto de mim, apenas mulheres e crianças.

Capítulo 22

Como meus dois senhores vieram ver-me e disseram que me tinham presenteado para um amigo, que primeiro queria me guardar, mas depois, quando fosse me comer, matar-me-ia

Seus costumes ainda não me eram tão conhecidos como o foram depois, e, portanto, pensei que agora estavam se preparando para matar-me. Mas logo chegaram os irmãos Nhaêpepô-oaçu e Alkindar-miri, que me haviam aprisionado, e disseram que me haviam presenteado ao irmão do pai deles, Ipiru-guaçu, em sinal de amizade. Ele me guardaria e mataria quando quisesse me comer, o que o faria, graças a mim, ganhar mais um nome.

O mesmo Ipiru-guaçu tinha capturado um escravo um ano antes e deu-o de presente a Alkindar-miri em sinal de amizade. Este o matou, ganhando assim mais um nome, e, em troca, prometera a Ipiru-guaçu dar-lhe de presente o primeiro inimigo que capturasse. E esse era eu. *Fig. 16*

Os irmãos que me aprisionaram ainda disseram: "Agora as mulheres vão levá-lo para o pocaré". Naquela ocasião, eu ainda não conhecia o significado daquela palavra. Significa "dança". Puxaram-me pela corda que eu tinha ao redor do pescoço, levando-me da cabana para o descampado em frente. Todas as mulheres das sete cabanas acorreram e vieram receber-me, enquanto os homens se afastavam. Puxavam-me, algumas pelos braços e outras

Fig. 16 Hans Staden ao centro, depois da chegada em Ubatuba.

pela corda amarrada ao meu pescoço, com tanta força que eu mal conseguia respirar. Eu não sabia o que pretendiam comigo ao arrastar-me dessa forma. Nessa hora pensei no sofrimento de nosso salvador Jesus Cristo, inocentemente supliciado pelos vis judeus. Consolava-me com meus pensamentos e aceitava tudo com mais resignação. Levaram-me para a cabana do chefe Guaratinga-açu, o Grande Pássaro Branco. Em frente à sua cabana havia um pequeno monte de terra fresca. Levaram-me para lá e fizeram-me sentar sobre ela. Alguns seguravam-me. Agora não me ocorria outra coisa senão que iriam matar-me, e tentei avistar a ibirapema, a maça com a qual matam os prisioneiros. Perguntei se me matariam logo, ao que responderam: "Ainda não". Uma mulher destacou-se então do grupo e veio em minha direção. Ela tinha um estilhaço de cristal preso a um objeto que parecia um ramo curvado e me cortou as sobrancelhas. Também quis cortar-me a barba, mas não deixei e disse-lhe que deviam me matar com a barba. As mulheres responderam, então, que ainda não queriam me matar e deixaram-me a barba. Mas alguns dias depois cortaram-na com uma tesoura que lhes havia sido dada pelos franceses.

CAPÍTULO 23

Como as mulheres dançaram comigo em frente à cabana onde estavam os ídolos

As mulheres me levaram do descampado onde tinham cortado minhas sobrancelhas para a frente da cabana onde estavam os ídolos, os maracás, e formaram um círculo à minha volta. Fiquei no centro. Com uma corda, duas mulheres ao meu lado amarraram alguns chocalhos numa perna e atrás do meu pescoço, de forma que um leque quadrado de penas de cauda de pássaros, que chamam de araçoiás, se sobressaía para cima de minha cabeça. Depois, todas as mulheres começaram a cantar. Para acompanhar o ritmo delas, eu devia bater no chão com o pé da perna à qual estavam amarrados os chocalhos, para que fizessem ruído e se adequassem ao canto delas. E a perna ferida me doía tanto que eu mal podia ficar de pé, pois o ferimento ainda não tinha sido atado. *Fig. 17*

Capítulo 24

Como, depois da dança, me levaram para Ipiru-guaçu, que deveria me matar

Terminada a dança, fui entregue a Ipiru-guaçu, que me manteve sob intensa guarda. Ele me disse que eu ainda tinha algum tempo de vida. Eles trouxeram todos os ídolos existentes na cabana, sentaram-se à minha volta e contaram que os ídolos haviam profetizado que eles iriam capturar um português. Ao que respondi: "Essas coisas não têm poder. Também não podem predizer nada, elas mentem que eu seja português. Sou amigo e parente dos franceses, e a terra da qual eu venho chama-se Alemanha". Eles retrucaram que eu devia estar mentindo, pois o que estaria eu fazendo no meio dos portugueses em sendo eu amigo e parente dos franceses! Eles sabiam muito bem que os franceses eram tão inimigos dos portugueses quanto eles próprios, pois os franceses vinham todo ano de navio e traziam-lhes facas, machados, espelhos, pentes e tesouras. Em troca, davam-lhes pau-brasil, algodão e outras mercadorias, como penas e pimenta. Por isso eram bons amigos.

Com os portugueses era diferente. Pois estes tinham vindo – assim continuaram a contar – anos antes e selaram amizade com os Tupiniquins, seus inimigos, no lugar onde até hoje moram. Depois os portugueses vieram ao encontro deles para comerciar. Eles, os Tupinambás, foram em toda confiança aos navios e subiram a bordo, como ainda fazem hoje nos navios franceses. Quando havia bastante deles a bordo, os portugueses atacaram-nos, amarraram-nos, e os levaram e entregaram aos Tupiniquins. Foram mortos e comidos por estes últimos. Alguns deles foram mortos pelos próprios portugueses, com suas armas, e estes ainda fizeram muitos outros ataques e também vieram com os Tupiniquins para guerrear e fazer prisioneiros.

Fig. 17 Dança das mulheres ao redor de Hans Staden, em Ubatuba.

Capítulo 25

Como os irmãos que me capturaram se queixaram irados de que os portugueses mataram o pai deles. Queriam vingá-lo em mim

Disseram ainda que os portugueses tinham despedaçado a tiros um dos braços do pai dos dois irmãos que me tinham capturado, causando sua morte. Queriam agora vingar a morte do pai em mim. Respondi que não vingariam nada em minha pessoa porque eu não era português; eu tinha vindo recentemente com os castelhanos para São Vicente. Nós tínhamos naufragado e por isso eu tinha ficado entre os portugueses.

Havia ali um jovem da tribo deles que tinha vivido entre os portugueses como escravo. Por ocasião de uma expedição guerreira contra os Tupinambás, os Tupiniquins, entre os quais vivem os portugueses, dominaram um povoado inteiro e comeram os mais velhos. Dos jovens, negociaram alguns com os portugueses, entre os quais o jovem citado, que ficou com um senhor da região de Bertioga, um galego de nome Antonio Agudin. Esse escravo foi recapturado pelos Tupinambás cerca de três meses antes de mim, mas como era membro da tribo, não foi morto. Conhecia-me bem. Interrogaram-no a meu respeito, e ele disse que era verdade, que um navio naufragara e que chamavam os náufragos, dos quais eu fazia parte, de castelhanos. Estes eram amigos dos portugueses. Fora isso, não sabia nada mais de mim.

Já antes eu ficara sabendo, e contaram-me mais uma vez, que de vez em quando vinham navios franceses e que alguns franceses viviam entre os selvagens. Eles tinham ficado para recolher pimenta. Por isso insisti com veemência em minha versão de que era amigo e parente dos franceses, e que não deveriam me matar antes destes chegarem, pois me reconheceriam.

Mantiveram-me sob intensa guarda.

CAPÍTULO 26

Como um francês que ficou para trás veio ver-me, e como ele aconselhou os selvagens a me comerem, pois eu seria português

A quatro milhas de nossa aldeia morava um francês. Quando soube de mim, veio e entrou na cabana que ficava em frente à minha. Os selvagens vieram então ao meu encontro e disseram: "Eis aqui um francês. Agora queremos ver se você também é ou não é francês". Fiquei feliz, pois pensei: ele é cristão e, sem dúvida, falará alguma coisa a meu favor.

Conduziram-me nu até a casa do francês. Era um homem jovem, que os selvagens chamavam de Caruatá-uára. Ele falou em francês comigo e não pude entendê-lo. Os selvagens estavam à nossa volta e nos ouviam. Como eu não podia responder ao que dizia, ele disse na língua deles: "Matem-no, esse mau sujeito é um verdadeiro português, vosso e meu inimigo". Isso eu pude compreender direito e pedi pelo amor de Deus que lhes dissesse para não me comerem. Mas ele respondeu: "Eles querem te comer". Então pensei no versículo de Jeremias, no Capítulo 17, onde está dito: "Amaldiçoado seja o homem que confiar nos homens". Depois disso saí e fiquei muito abatido. Mas antes, ainda, rasguei um pedaço do tecido de linho que eles me tinham dado – sabe-se lá como foi parar nas mãos deles – e que eu tinha amarrado no meu ombro, pois estava muito queimado pelo sol. Joguei-o aos pés do francês. Se devia morrer, por que deveria continuar a tratar de minha carne para os outros? Assim pensei comigo mesmo! Eles me levaram de volta para minha cabana e me deitei novamente em minha rede. Só Deus sabe como me sentia desamparado. Com voz trêmula, cantei o versículo:

E agora pedimos ao Santo Espírito
Para que acima de tudo nos dê fé

Que nos ampare em nosso fim,
Quando retornarmos desta miséria.
Kyrie Eleison!

Mas os selvagens então disseram: "Ele é um verdadeiro português. Agora ele grita, ele está horrorizado ante a morte".

O francês ficou dois dias na aldeia e seguiu caminho no terceiro. Os selvagens decidiram preparar-se para me matar no dia em que reunissem todas as coisas para a festa. Montavam guarda muito atentamente e todos, jovens e velhos, zombavam de mim.

Capítulo 27

Como tive forte dor de dente

Em minha miséria ocorreu, como se diz, de uma desgraça não vir sozinha, e um dente me causar dores. As fortes dores me tiravam qualquer ânimo. Então meu senhor perguntou-me por que motivo eu comia tão pouco. Eu disse que meu dente doía. Ele prontamente buscou um instrumento de madeira e quis extraí-lo. Mas eu disse que o dente não doía mais e me opus com tanto vigor quando ele quis extraí-lo à força, que desistiu. Ele então disse que, se eu não voltasse a comer, me comeriam antes da hora que tinham fixado. Deus sabe o quanto algumas vezes desejei de todo coração que fosse a Sua vontade divina que eu morresse sem que os selvagens percebessem, de modo que não pudessem levar adiante os planos que tinham para minha pessoa!

Capítulo 28

Como me levaram para Cunhambebe, seu chefe máximo, e como me trataram ali

Depois de alguns dias levaram-me para uma outra aldeia, que chamavam de Ariró, onde me conduziram à presença do chefe Cunhambebe. Ele era o mais distinto de todos os chefes. Vários outros reuniram-se na casa dele e montaram uma grande festa à maneira dos selvagens. Eles também queriam me ver, e por isso Cunhambebe tinha dado ordens para que eu fosse levado para lá naquele dia.

Quando cheguei às proximidades da cabana, ouvi um grande barulho. Eles cantavam e tocavam seus instrumentos de sopro. Frente às cabanas havia cerca de quinze cabeças espetadas em mourões. Eram cabeças de Maracajás, que faziam parte de seus inimigos e que tinham devorado. Enquanto passávamos, mostraram-me as cabeças, realçando que eram de seus inimigos, os Maracajás. Fiquei aterrorizado. Pensei que me tratariam da mesma forma.

Ao entrarmos numa das cabanas, um dos meus guardas adiantou-se e disse em voz alta, de forma que todos pudessem ouvir: "Eis o escravo, o português!". Ele achava que ter um inimigo em seu poder dava um belo espetáculo, e disse muitas outras coisas. Isso é costumeiro entre eles. Então levou-me à presença do chefe, que estava sentado e bebia na companhia de outros. Eles estavam embriagados de cauim, olharam ferozmente para mim e disseram: "Você veio como nosso inimigo?". Respondi: "Eu vim, mas não como vosso inimigo". No que também me deram de beber.

Do chefe Cunhambebe eu já tinha ouvido falar muito. Devia ser um grande homem e também um grande tirano que gostava de comer carne humana. Um dos selvagens olhava para mim parecendo ser o chefe. Fui em direção a ele e falei do jeito que eles gostam de ouvir em sua língua: "Você é Cunhambebe, você ainda vive?". "Sim", respondeu ele, "eu ainda vivo." "Então muito bem", disse eu, "ouvi falar muito de você, e que você é um homem muito habilidoso." Ele levantou-se e andou cheio de satisfação de um lado para o outro à minha frente. De acordo com os hábitos deles, trazia uma grande pedra redonda de cor verde encravada no lábio. Além disso, portava uma corrente branca de mariscos no pescoço, como os selvagens usam quando querem ornar-se – ela tinha bem umas seis braças de comprimento. Esse ornamento me fez perceber que ele devia ser um dos mais poderosos. Então voltou a sentar-se e me perguntou quais ataques seus inimigos, os Tupiniquins e os portugueses, planejavam. E ainda perguntou por que eu quis atirar sobre eles na região de Bertioga, pois ele fora informado de que eu tinha sido contratado como artilheiro contra eles. Respondi que os portugueses me colocaram lá e que tinha de fazer meu trabalho, ao que ele retrucou que eu mesmo era um português. Ao passo que chamava de seu filho o francês que me tinha visitado. Esse tinha-lhe dito que não podia falar comigo e que eu era um verdadeiro português. Eu disse então: "Sim, é verdade, faz muito tempo que eu estou longe das terras francesas, e eu esqueci a língua". Ao que ele respondeu que tinha ajudado a capturar e comer cinco portugueses. Todos disseram que eram franceses e estavam mentindo. Foi tão categórico que eu dei minha vida por perdida e me recomendei à vontade de Deus. Pois eu ouvira de todos os selvagens que deveria morrer. *Fig. 18*

Mas ele começou mais uma vez a perguntar o que os portugueses falavam dele, e que certamente deviam temê-lo muito. Eu respondi: "Sim, eles sabem muito sobre você e sobre as terríveis guerras que você sempre empreende contra eles, mas agora eles fortificaram melhor Bertioga". Ele respondeu que era verdade, e que de agora em diante os aprisionaria um a um na floresta, como fizeram comigo. Disse-lhe, ainda: "Teus verdadeiros inimigos, os Tupiniquins, estão preparando 25 barcos e virão em breve invadir tua terra". Isso realmente ocorreria.

Enquanto ele me interrogava, os outros ficavam em volta ouvindo. Em suma: ele perguntava muito e contava-me muitas coisas. Ele se gabava de ter matado vários por-

Fig. 18 Na presença do chefe Cunhambebe, em Ariró.

tugueses e muitos outros selvagens que eram seus inimigos. Entretempo, toda a bebida na cabana tinha terminado. No que ele encerrou a conversa, pois foram para outra cabana para continuarem a beber.

Lá continuaram a zombar de mim. O filho do chefe Cunhambebe me atou as pernas dando três voltas em torno delas, e com os pés presos dessa forma tive de pular pela cabana. Eles riam e gritavam: "Lá vem a nossa comida pulando!". Perguntei então ao meu senhor, que para lá me levara, se o tinha feito para matar-me ali. Ele respondeu que não, que era apenas costume tratar assim os escravos estrangeiros, e eles soltaram as cordas que amarravam minhas pernas. Deram voltas em torno de mim e apalparam minha pele. Um deles disse que o couro da cabeça era dele, um outro, que a coxa lhe pertencia. Fizeram-me cantar para eles e cantei cânticos religiosos. Tive de explicá-los na língua deles. Eu disse: “Cantei sobre o meu Deus”. Eles responderam que o meu Deus era uma imundice, teõuira na língua deles. Essas palavras doíam-me, e pensei: Ó, Deus misericordioso, quanta coisa você deve às vezes tolerar.

No dia seguinte, quando as pessoas da aldeia já me tinham visto e descarregado em mim sua alegria, o chefe Cunhambebe disse aos meus guardas que deviam redobrar a vigilância. Depois me conduziram para fora da cabana de modo a levar-me de volta para Ubatuba, onde eu devia ser morto. Gritavam-me desdenhosamente que iriam em breve na cabana de meu senhor para comer-me e beber em comemoração. Mas meu senhor consolava-me sempre e dizia que eu não seria morto tão cedo.

Capítulo 29

Como os Tupiniquins chegaram em 25 barcos, tal como eu predisse ao chefe, e atacaram a aldeia onde eu estava

Eu já tinha dito que os amigos dos portugueses, os Tupiniquins, planejavam uma expedição contra os Tupinambás. Finalmente eles vieram em 25 barcos e certa manhã atacaram a aldeia. *Fig. 19*

Quando investiram nas cabanas e começaram todos a atirar, os agredidos ficaram apavorados e as mulheres quiseram fugir. Então disse a eles: “Vocês me tomam por um português, por seu inimigo. Deem-me um arco e flechas e soltem minhas cordas. Ajudá-los-ei, então, a defender suas cabanas”. E eles realmente me deram um arco e flechas, e eu gritei e atirei do modo deles, tão bem quanto me era possível, e disse-lhes para serem corajosos; não haveria perigo. Minha intenção era escapar através da cerca que circundava as cabanas e fugir em direção aos atacantes, pois estes me conheciam bem e sabiam que eu estava na aldeia. Mas eu estava demasiadamente vigiado.

Quando os Tupiniquins perceberam que não conseguiriam nada, retiraram-se para seus barcos e partiram. Tão logo os agressores se afastaram, fui novamente colocado sob guarda.

Fig. 19 Ataque dos Tupiniquins a Ubatuba.

Capítulo 30

Como os chefes se reuniram à noite sob o luar

Na noite do mesmo dia, sob o luar, os chefes mais importantes se reuniram no descampado entre as cabanas. Eles se consultaram uns aos outros e decidiram quando deveriam me matar. Levaram-me também para lá, zombaram de mim e me ameaçaram. Eu estava triste e olhava para a lua e pensava: Ó meu Senhor e Deus, ajude-me para que esta desgraça tenha um final feliz. Neste momento perguntaram-me por que eu sempre olhava assim para a lua, e respondi: "Vejo que ela está zangada". Pois a figura da lua me parecia tão horrível que eu mesmo pensava – Deus me perdoe – que Deus e todas as criaturas estavam zangadas comigo. Nhaêpepô-oaçu, um dos chefes e ao mesmo tempo aquele que queria me fazer matar, perguntou-me: "Com quem a lua está zangada?". Respondi: "Ela está olhando para a tua cabana". Ele ficou todo agitado e se dirigiu para mim com palavras duras. Para emendar-me de meu erro, eu disse: "Na verdade não é a tua cabana. Ela está zangada com os escravos Carijós". Os Carijós também são uma tribo de selvagens. "Sim", disse ele, "deles vem toda a desgraça." Ele ficou nisso. Esforcei-me para não pensar mais no assunto. *Fig. 20*

Fig. 20 Conselho dos chefes sob o luar em Ubatuba, para decidir sobre a morte de Hans Staden. Primeiro desenho em que os índios fumam.

Capítulo 31

Como os Tupiniquins incendiaram a aldeia de Mambucaba

No dia seguinte chegou a notícia de que os Tupiniquins tinham atacado a aldeia de Mambucaba depois de se retirarem de Ubatuba, onde eu estava detido. Os habitantes conseguiram fugir, com a exceção de um menino, que foi aprisionado. As cabanas foram queimadas.

Pouco depois Nhaêpepô-oaçu dirigiu-se para lá, pois eram amigos e parentes seus, e queria ajudá-los a reconstruir as cabanas. Ele levou todos os amigos de sua cabana. Na volta, quis trazer barro e farinha de raízes para a festa em que eu deveria ser comido.

Nhaêpepô-oaçu podia dispor de mim ao seu bel-prazer e causou-me muito sofrimento. Quando foi embora, ordenou a Ipiru-guaçu, a quem me tinha dado de presente, que me vigiasse direito.

Ficaram mais de quatorze dias longe e reconstruíram tudo.

Capítulo 32

Como um navio veio de Bertioga e como informaram-se sobre mim, obtendo apenas breves respostas

Nesse entretempo, um navio português veio de Bertioga e ancorou não longe do lugar onde eu estava prisioneiro. A tripulação deu um tiro de canhão, de forma que os selvagens o ouvissem e fossem conversar.

Quando viram o navio, disseram para mim: "Estes são os seus amigos. Eles devem querer saber se você ainda está vivo e talvez resgatá-lo". Respondi: "Deve ser o meu irmão". Isso porque eu sempre imaginei que os portugueses que passavam por ali perguntariam por mim. Mas, para que os selvagens não pensassem que eu era português, eu lhes tinha contado antes que entre os portugueses vivia um irmão meu, que também era francês. E quando realmente chegou o navio, eu disse que devia ser meu irmão. Mas eles permaneceram na posição deles, de que eu era português, e se aproximaram o necessário do navio para que pudessem se comunicar. Os portugueses perguntaram o que tinha acontecido comigo, e a resposta que obtiveram foi tal que não continuaram a perguntar. Eles imaginaram que eu estava morto e foram embora.

Só Deus sabe o que pensei ao ver o barco afastar-se! Os selvagens, por outro lado, diziam-se: "Temos o homem certo. Até navios estão mandando atrás dele".

Capítulo 33

Como o irmão do chefe Nhaêpepô-oaçu veio de Mambucaba e queixou-se a mim que seu irmão, sua mãe e todos os outros parentes estavam doentes. Eles exigiram de mim que conseguisse do meu Deus a cura deles

Todos os dias eu esperava o retorno dos selvagens que se preparavam em Mambucaba para me matar. Certo dia, ouvi uma gritaria na cabana do chefe, que estava ausente. Fiquei atemorizado, achando que tinham voltado. Pois esse é o costume deles: quando alguém fica longe mesmo que por apenas quatro dias, seus amigos recebem-no com um pranto de contentamento. Não tardou e alguém veio me ver e disse: "O irmão de um de teus dois senhores chegou e diz que o outro está muito doente". Alegrei-me e pensei: agora Deus irá querer fazer alguma coisa.

Pouco depois o irmão do meu segundo senhor veio em pessoa a minha cabana, sentou-se e começou a se lamentar e disse que seu irmão, sua mãe, os filhos de seu irmão, todos tinham adoecido, e o irmão mandara que viesse me ver para dizer-me que conseguisse do meu Deus a cura deles. Ele completou: "Meu irmão acha que o teu Deus está zangado". Respondi: "Sim. O meu Deus está zangado, porque seu irmão queria me comer, foi para Mambucaba e lá está preparando a minha morte. Vocês afirmam que eu sou português, e eu não o sou. Vá ao encontro do seu irmão. Ele precisa voltar para a cabana dele aqui. Depois eu falarei com o meu Deus para que ele fique bom". Ao que ele respondeu que o irmão estava enfermo demais e não poderia vir. Mas ele tinha entendido e sabia que seu irmão também poderia sarar em Mambucaba, se eu assim quisesse. Então, finalmente lhe disse: "Seu irmão ficará forte o suficiente para voltar à cabana dele, e depois ficará totalmente curado". Com essa resposta ele voltou para Mambucaba, que fica a quatro milhas de Ubatuba, onde eu estava.

Capítulo 34

Como o adoecido chefe Nhaêpepô-oaçu voltou para casa

Alguns dias depois, todos os doentes voltaram. Nhaêpepô-oaçu fez conduzir-me à cabana dele e me contou como todos tinham adoecido. Eu já estaria sabendo, pois ele se recordava de como eu lhe tinha dito que a lua estava olhando zangada para a cabana dele. Ao ouvi-lo falar assim, pensei: que naquela noite, ter falado daquela forma sobre a lua deve ter sido um presságio de Deus. Enchi-me de alegria e pensei ainda: hoje Deus está comigo!

Então disse-lhe: "É verdade. Vocês todos ficaram doentes porque você quis me comer, mesmo eu não sendo seu inimigo. Sua desgraça vem daí". E ele deu ordens para que não me fizessem nada se ficasse bom. E quanto a mim, eu não sabia o que preferia pedir a Deus, e refleti: se eles sararem, matar-me-ão assim mesmo; se morrerem, os outros dirão: vamos matá-lo, antes que mais desgraça ainda se abata sobre nós. Assim começaram a discutir. Portanto, entreguei a decisão a Deus. Mas quando o chefe me pediu com insistência que todos ficassem bons, fui de um a outro colocando a minha mão sobre suas cabeças, como estavam a exigir de mim.

Deus, no entanto, queria as coisas de outra forma. Eles morreram. Primeiro, uma criança, depois a mãe do chefe, uma velha mulher que pretendia fazer os vasos onde seria preparada a bebida para os festejos de minha morte.

Alguns dias depois, morreram um irmão, depois mais uma criança e, finalmente, o irmão que me tinha trazido a notícia da doença.

Quando o chefe viu que seus filhos, sua mãe e seus irmãos estavam mortos, ele ficou profundamente temeroso de que sua mulher e ele próprio fossem morrer. Ele pediu que eu dissesse ao meu Deus que finalmente parasse com a sua ira e lhe deixasse a vida. Eu consolei-o e dei-lhe coragem, disse que não havia perigo, mas que, quando ficasse bom, não lhe ocorresse matar-me. Ao que ele acedeu e ordenou a todos os outros na cabana que não me denegrissem, nem ameaçassem me comer. No entanto, ele ficou algum tempo doente ainda, mas ao final recuperou-se, assim como sua mulher, que também estava enferma. De seus amigos morreram cerca de oito, assim como outros, que me tinham causado muito sofrimento. *Fig. 21*

Havia ali mais dois chefes em duas outras cabanas. O primeiro chamava-se Cuaratinga-açu, e o outro, Carimã-cuí. Guaratinga-açu sonhou que eu viera a ele e lhe dissera que ele iria morrer. Uma manhã ele veio ao meu encontro e queixou-se de seu sofrimento. Consolei-o de que não havia perigo, mas que não pensasse em me matar, nem que aconselhasse outros a fazê-lo. Ele respondeu que não o faria; que, se as pessoas que me capturaram não me matassem, ele também não me faria nenhum mal, e que se mesmo assim eles me matassem, ele não comeria nada de mim.

Também o outro chefe, Carimã-cuí, tinha sonhado alguma coisa comigo, o que o tinha assustado muito. Ele me chamou em sua cabana, deu-me de comer, contou-me sua preocupação e como certa vez tinha capturado um português durante uma expedição guerreira. Ele o matara com as próprias mãos e comera tanto dele que até agora seu peito estava doente. Por isso não queria mais comer ninguém. E agora lhe tinha vindo um sonho tão horrível comigo que pensou que iria morrer. Disse também a ele que não havia perigo, apenas não deveria mais comer carne humana.

As mulheres idosas nas diversas cabanas que também me tinham causado muito sofrimento ao me arrancar os

Fig. 21 A grande epidemia em Ubatuba.

cabelos e pelos, desferir-me golpes e ameaçar comer-me, passaram a chamar-me de Chê-raira, o que quer dizer “meu filho”, e pediram: “Não nos deixe morrer. Nós agimos assim com você porque achávamos que você era português, e estamos rancorosos com eles. Já capturamos e comemos alguns portugueses, mas o Deus deles não ficou tão irado quanto o seu. Por isso reconhecemos que você não pode ser português”.

Assim deixaram-me em paz durante algum tempo. Eles não sabiam ao certo como me considerar, se português ou francês, e diziam que eu tinha uma barba vermelha como os franceses; eles também tinham visto portugueses, e estes tinham todos barba negra.

Depois do susto provocado ao verem tanta gente morrer, e depois de um dos meus senhores sarar, não falavam mais em me comer. Mas continuaram a me vigiar como antes e nunca me deixavam andar desacompanhado.

Capítulo 35

Como o francês que tinha aconselhado os selvagens a me comer voltou, e como lhe pedi que me levasse com ele; como, no entanto, meus senhores não quiseram me deixar ir embora.

Já relatei sobre o francês Caruatá-uára, que me deixara para trás ao ir em busca de pimenta e de uma espécie de pena, as mercadorias de comércio dos selvagens.

Para voltar aos povoados onde estavam ancorados seus navios, em Monguape e Niterói, ele tinha de passar por Ubatuba, onde eu estava. Ao me abandonar naquela vez, ele não pensou outra coisa a não ser que os selvagens iriam devorar-me, até mesmo porque assim lhes tinha instruído, e durante toda a sua ausência dera-me como morto.

Ele veio ver-me na cabana e falou comigo na língua dos selvagens. À sua pergunta, se eu ainda estava vivo, respondi: "Sim, e agradeço a Deus por ter-me protegido durante tanto tempo". Ele já tinha ouvido dos selvagens o que ocorrera entretempo, e visto que, naquele momento, eu podia deslocar-me desamarrado, levei-o até um lugar onde não podiam ouvir nossa conversa e disse-lhe: "Você vê que Deus ainda me deixou com vida. Além disso, não sou português, e sim alemão, naufraguei com os espanhóis e assim fui parar entre os portugueses. Conte isso aos índios e ainda que sou seu amigo e parente. Leve-me para onde os navios franceses aportam". Pois eu temia que, se ele recusasse, os selvagens achariam tudo mentira e matar-me-iam em algum momento em que estivessem bravos.

Exortei-o na língua dos selvagens e perguntei-lhe se não tinha um coração cristão em seu corpo, ou se não tinha pensado que depois desta vida viria uma outra, quando aconselhou que eu fosse morto. Ele arrependeu-se e disse que realmente achava que eu era português, e que eles eram tão malvados que os franceses enforcavam até o último dos que conseguiam aprisionar na província do Brasil. Assim de fato ocorria. E ainda acrescentou que deviam adequar-se aos selvagens; os franceses tinham de aceitar a forma pela qual os selvagens tratavam seus inimigos, uma vez que eram os inimigos natos dos portugueses.

Atendendo ao meu pedido, ele disse aos selvagens que não me tinha identificado corretamente da primeira vez, mas que eu era da Alemanha e pertencia aos amigos dos franceses, e que queria levar-me para o porto onde estavam ancorados os navios franceses. Meus senhores responderam que não, que não me entregariam para ninguém, a menos que meu pai ou meus irmãos em pessoa viessem com um navio cheio de mercadorias, principalmente machados, espelhos, facas, pentes e tesouras, e que lhes fossem dadas. Isso porque tinham-me achado na terra dos seus inimigos e eu era propriedade deles.

Ao saber disso, o francês me disse que eu mesmo ouvira que eles não queriam soltar-me. Pedi-lhe, então, pelo amor de Deus que viesse me buscar com o primeiro navio que aparecesse e me levasse para a França. Isso ele me prometeu e recomendou que os selvagens me tratassem bem e não me matassem. Meus amigos viriam em breve para buscar-me. E então seguiu viagem.

Depois de sua partida, um dos meus senhores, Alkindar-miri (não era o doente), perguntou-me o que Caruatá-uára, como os selvagens denominam o francês na língua deles, me tinha dado e se ele pertencia ao meu povo. Respondi positivamente à última pergunta. Ele zangou-se e perguntou: “Por que, então, ele não lhe deu uma faca, que você poderia dar para mim?”.

Quando todos recuperaram a saúde, recomeçaram a cochichar sobre mim e diziam que os franceses eram quase tão pouco confiáveis quanto os portugueses. Isso era novamente de muito mau augúrio para mim.

Capítulo 36

Como os selvagens comeram um prisioneiro e me levaram para a festa

Alguns dias depois, quiseram comer um prisioneiro numa aldeia chamada Ticoaripe, a cerca de seis milhas de Ubatuba. Da minha própria aldeia acorreram vários e me levaram junto. Fomos num barco. O escravo que queriam comer pertencia à tribo dos Maracajás.

Como é costume deles quando querem comer um homem, prepararam uma bebida de raízes que chamam de cauim. Somente depois da festa da bebida é que o matam.

Quando finalmente o momento chegou, fui na noite anterior ao festim falar com o escravo e disse-lhe: "Então você está preparado para morrer". Ele riu e respondeu: "Sim, estou com todo o equipamento, apenas a muçurana não é bastante longa. Em casa temos melhores". Eles chamam de muçurana uma corda de algodão algo mais espessa que um dedo, com a qual os prisioneiros são amarrados, e sua corda era cerca de seis braças curta demais. Ele falava como se estivesse indo a uma quermesse.

Eu tinha comigo um livro em português que os selvagens acharam num navio conquistado com a ajuda dos franceses e deram para mim. Eu li um pouco desse livro quando deixei o prisioneiro, e fiquei com pena dele. Por isso fui de novo encontrá-lo e falei outra vez com ele, pois os Maracajás estão entre os amigos dos portugueses: "Eu também sou prisioneiro, igual a você, e não vim porque quero comer um pedaço de você, e sim porque meus senhores me trouxeram". Ao que ele respondeu que sabia muito bem que nós não comíamos carne humana. Continuei dizendo-lhe que devia consolar-se, pois eles comeriam apenas a sua carne, mas que seu espírito iria para um outro lugar, para onde também vão os nossos espíritos, e que lá havia muita alegria.

Ele perguntou, então, se isso era verdade. Eu disse que sim, e ele retrucou que jamais tinha visto Deus. Terminei dizendo que ele veria Deus na outra vida e afastei-me, uma vez que a conversa estava encerrada.

Na noite seguinte, bateu um forte vento soprando tão poderosamente que arrancou pedaços da cobertura da casa. O que fez os selvagens ficarem zangados comigo. Disseram em sua língua: "Aipó mair angaipaba ybytu guasu omou". O que vem a ser: o homem mau, o santo, agora faz com que o vento chegue, pois durante o dia olhou na "pele do trovão". Assim chamavam o meu livro. Eu teria chamado o mau tempo porque o escravo era amigo nosso e dos portugueses e assim eu talvez quisesse impedir a festa. Então roguei a Deus e disse para mim mesmo: "Senhor, tu que me protegeste até agora, continua a proteger-me". Isso porque sussurravam muito a meu respeito.

Quando amanheceu, o tempo estava bom. Bebiam e estavam muito contentes. Então fui ao encontro do escravo e disse-lhe: "O forte vento era Deus. Ele quer te levar até a presença Dele". Ele foi comido no segundo dia depois desse. Vocês saberão como isso ocorreu no vigésimo nono capítulo do segundo livro.

Capítulo 37

O que aconteceu na volta, depois que os selvagens comeram o escravo

Quando a festa terminou, voltamos para nossas moradias em Ubatuba. Meus senhores levavam alguma carne assada consigo. Havia vento forte e chovia. Por isso demoramos três dias, ao passo que normalmente se pode fazer esse caminho em um. Ao preparar as cabanas na floresta para o pernoite, na noite do primeiro dia, disseram-me para cuidar para que não chovesse. Havia um jovem conosco que ainda tinha um osso da perna do escravo com um pouco de carne, que ele comeu. Disse-lhe para jogar o osso fora. Ele e os outros ficaram irados comigo; disseram que era comida normal deles, e com isso eu devia me dar por satisfeito.

Depois de uma viagem de três dias, quando ainda faltava um quarto de milha até chegarmos a nossas moradias, não pudemos continuar, pois as ondas tinham ficado grandes demais. Tiramos o barco da água e esperávamos levá-lo para casa no dia seguinte, quando o tempo clareasse. Mas o tempo permaneceu péssimo. Então os selvagens decidiram terminar o caminho por terra e buscar o barco mais tarde, quando o tempo estivesse melhor.

Eles comeram antes de partirmos, e o jovem continuava a morder a carne do seu osso, até finalmente jogá-lo fora. Iniciamos a caminhada, e logo o tempo abriu. "Agora vejam", disse-lhes, "vocês não quiseram acreditar em mim quando eu disse que o meu Deus estava zangado porque o jovem comia a carne do osso." "Sim", disseram então os selvagens, "se ele tivesse comido sem que você tivesse visto, então teríamos ficado com tempo bom." E a conversa ficou nisso.

Quando retornei à cabana, Alkindar, um dos meus dois senhores, perguntou-me se eu agora via como tratam seus inimigos. Eu disse: "Sim. Que vocês os comam, me parece horrível, mas não me surpreende tanto que vocês os matem". Ele respondeu: "Bem, isso é costume entre nós. Com os portugueses fazemos o mesmo".

Esse Alkindar era odioso comigo e gostaria que Ipiru-guaçu, a quem me deu de presente, me matasse. Como já foi relatado, Ipiru-guaçu dera-lhe um escravo de presente para que o matasse e assim ganhasse mais um nome. Em contrapartida, Alkindar prometeu presenteá-lo com o primeiro inimigo que capturasse. Ainda que não lhe coubesse matar-me, ele o teria feito com prazer. Mas seu irmão impedia-o sempre, pois temia que outras desgraças pudessem abater-se sobre ele.

Assim, antes que os outros me levassem para o lugar onde comeram o escravo, o mesmo Alkindar ameaçara novamente matar-me. E agora, ao voltar para Ubatuba, ele estava com dores nos olhos, que contraiu durante a minha ausência. Ele tinha de ficar deitado em repouso, e durante algum tempo não pôde ver nada e me dizia sempre para falar com o meu Deus para que seus olhos ficassem novamente bons. Eu estava disposto a isto, contanto que mais tarde ele não tramasse nada de ruim contra mim. O que ele prometeu. Alguns dias depois ficou bom.

Capítulo 38

Como os portugueses enviaram mais um navio à minha procura

Em meu quinto mês entre os selvagens, apareceu novamente um navio vindo da ilha de São Vicente. Era comum os portugueses irem também para as terras de seus inimigos, embora viajassem bem armados, para fazer comércio com eles. Eles dão aos selvagens facas e foices em troca de farinha de mandioca, que os selvagens têm em abundância em algumas regiões. Os portugueses precisam da farinha para alimentar os numerosos escravos que mantêm em suas plantações de cana-de-açúcar. Quando os navios dos portugueses chegam, um ou dois selvagens se aproximam num barco e lhes entregam as mercadorias tão rapidamente quanto possível. Então pedem o que quiserem em troca, e os portugueses dão. Enquanto os dois estão no navio, alguns barcos cheios de selvagens observam à distância. Quando a troca é concluída, muitas vezes os selvagens remam até o navio e se envolvem em escaramuças e atiram flechas contra os portugueses. Depois voltam. *Fig. 22*

A tripulação da embarcação vinda de São Vicente deu um tiro de canhão para que os selvagens soubessem que havia um navio. Os selvagens dirigiram-se até ele e foram interrogados sobre mim, se eu ainda estava vivo. Então os

Fig. 22 Um navio português ao largo de Ubatuba. Em primeiro plano, Ippaun wasu, a ilha Grande.

portugueses exigiram ver-me, eles tinham uma caixa cheia de mercadorias que meu irmão, também um francês, teria trazido, e que estava a bordo.

Um francês de nome Claude Mirande, que estava no navio, tinha sido camarada meu anteriormente. Fiz os selvagens acreditarem que era meu irmão e lhes dizia que talvez estivesse no navio e que perguntaria por mim, pois já tinha estado ali em outra viagem.

Eles retornaram do navio para a terra firme e me contaram que meu irmão tinha voltado, que tinha trazido uma caixa de mercadorias para mim e que queria ver-me. Então eu disse: “Levem-me até onde eu possa falar com meu irmão. Os portugueses não entendem o que falamos. Quero pedir-lhe que informe o nosso pai, de modo que ele venha com um navio, que traga muitas coisas e que venha me buscar". Concordaram com isso, mas ficaram preocupados que os portugueses nos pudessem entender, pois pretendiam empreender uma grande expedição guerreira contra eles por volta de agosto, na região de Bertioga, lá onde me capturaram. Já que eu conhecia todos os planos deles, temiam que eu pudesse trair alguma coisa. Mas eu disse: "Não, eu não trairei nada, e os portugueses não entendem a língua do meu irmão e nem a minha". Então remaram até a distância de uma pedrada do navio, comigo tão nu quanto sempre andava entre eles. Dirigi a palavra aos que estavam a bordo e disse: "Deus Nosso Senhor esteja convosco, caros irmãos. Que apenas um de vocês fale comigo. Digam que eu sou francês e nada mais". Então um deles, um basco chamado Juan Sanchez, que eu conhecia bem, começou a falar e disse: "Meu caro irmão, viemos para cá com o navio por sua causa. Não sabíamos se você ainda estava vivo ou se estava morto, pois o primeiro navio não trouxe notícias suas. Agora o capitão Brás Cubas nos deu ordens em Santos para que pesquisássemos se você ainda vivia. Se ficássemos sabendo que você estava vivo, deveríamos descobrir se os selvagens queriam vendê-lo; caso contrário, deveríamos tentar capturar alguns, para trocar por você".

Eu respondi: "Que Deus vos recompense eternamente, pois estou com muito medo e sempre em perigo, e ainda não sei o que vão decidir a meu respeito. Já me teriam comido, não o tivesse Deus de alguma forma impedido". Disse-lhes, ainda: "Eles não vão me vender para vocês. Por isso não tentem me comprar e não façam nada que dê a impressão de que eu não seja francês, e deem-me pelo amor de Deus alguma mercadoria, facas e anzóis". O que eles fizeram. Um dos selvagens foi de barco até o navio e buscou as coisas.

Quando vi que os selvagens não me deixariam falar mais com os portugueses, disse-lhes: "Tenham cuidado. Os selvagens estão planejando mais uma expedição contra Bertioga". Ao que responderam que os seus selvagens também estavam se armando muito e atacariam justamente a aldeia onde eu era mantido prisioneiro. Eu apenas devia conservar minha coragem, Deus resolveria tudo da melhor maneira. Eu via muito bem que eles não podiam me ajudar. "Sim", disse, "já que assim o mereci por causa de meus pecados, é melhor que Deus me castigue aqui do que na vida eterna. Peçam a Deus que me ajude a sair desta desgraça."

Com isso recomendei-os a Deus Nosso Senhor. Eles queriam falar mais comigo, mas os selvagens não permitiram que eu falasse mais tempo com eles, e voltaram comigo para as cabanas.

Então peguei as facas e os anzóis, dei a eles e disse: "Tudo isso me deu meu irmão, o francês". Eles perguntaram o que tanto meu irmão tinha conversado comigo. Eu respondi que tinha dado ordens ao meu irmão para que conseguisse escapar dos portugueses, viajasse à nossa terra natal e voltasse com um navio com muitas mercadorias, para buscar-me. Pois eles, os selvagens, eram gente ordeira e me tratavam bem; por isso queria recompensá-los quando chegasse o navio. Dessa forma devia contentá-los sempre da melhor maneira possível, e isso lhes agradava.

Depois falaram entre si: "Ele certamente deve ser um francês. A partir de agora vamos tratá-lo melhor". Assim vivi mais algum tempo entre eles, convencendo-os a me tratarem bem, pois em breve um navio viria por minha causa. Repetidas vezes levaram-me para a floresta, uma vez que devia ajudá-los onde quer que tivessem afazeres.

Capítulo 39

Como os selvagens tinham em seu poder um escravo que sempre me caluniava e desejava que me matassem logo. Ele mesmo seria morto e comido em minha presença

Entre os selvagens vivia um escravo da tribo dos Carijós, que também tinham inimizade com os amigos dos portugueses. Ele tinha sido servo dos portugueses, mas fugira, e os selvagens não matam ninguém que se refugia entre eles, a menos que faça algo de impróprio. Ele é considerado servo e tem de servi-los.

Esse Carijó, que já estava há três anos entre os Tupinambás, contou que tinha me visto entre os portugueses e que eu tinha disparado repetidas vezes contra os Tupinambás, quando de suas expedições guerreiras.

Alguns anos antes os portugueses haviam matado um chefe Tupinambá, e o Carijó afirmava que quem tinha disparado era eu. Ele incentivava continuamente os selvagens a me matarem, pois eu seria o verdadeiro inimigo, ele tinha visto. E era tudo mentira, pois ele já estava entre os Tupinambás havia três anos e apenas um ano tinha se passado desde minha chegada a São Vicente, de onde ele tinha fugido. Eu sempre pedia a Deus que me protegesse dessas mentiras. *Fig. 23*

No ano de 1554, mais ou menos no sexto mês do meu cativeiro, o Carijó adoecera e seu senhor pediu-me para ajudá-lo, para que voltasse a ter saúde e pudesse caçar, de modo que tivéssemos o que comer. Pois eu sabia muito bem, disse-me o senhor, que ele também me daria um pedaço, caso o Carijó lhe trouxesse caça. Mas se eu acreditasse que o escravo não iria sarar, ele gostaria de dá-lo de presente para um amigo, para que o matasse e consequentemente ganhasse um nome.

Os selvagens possuem dentes de um animal que chamam de paca. Eles afiam muito bem o dente e fazem um talho

Fig. 23 A morte do escravo Carijó e como o comeram.

na pele, lá onde o sangue está malsão. Então o sangue escorre, mais ou menos como quando entre nós se sangra alguém.

Quando o Carijó estava doente havia nove ou dez dias, peguei um dente de paca e quis abrir-lhe a veia mediana. Mas eu não conseguia perfurá-la, pois o dente estava gasto. Os outros estavam à nossa volta. Vi que era inútil e afastei-me. Perguntaram-me se iria sarar. Respondi que não tinha conseguido fazer nada, que nenhum sangue escorreu, como eles bem tinham visto, e então pensaram: “Ele vai morrer. Vamos matá-lo antes que morra”.

Ao que me opus: “Não, não façam isso, talvez ele volte a ficar bom”.

Mas não adiantou nada. Tiraram-no da cabana do chefe Guaratinga, e dois deles seguraram-no, pois ele estava tão doente que não percebia o que pretendiam fazer com ele. O homem a quem foi dada a incumbência de matá-lo avançou e desferiu-lhe um golpe na cabeça de forma que os miolos saltaram para fora. Depois deixaram-no em frente à cabana e quiseram comê-lo. Adverti-os de que não o fizessem, pois era um homem doente e eles poderiam ficar igualmente doentes. Aí não souberam o que fazer, até que veio um homem da minha cabana e disse às mulheres que fizessem uma fogueira junto ao morto. Ele cortou-lhe a cabeça, pois o Carijó só tinha um olho e, devido à doença que o acometeu, tinha péssima aparência. Jogou a cabeça fora e fez chamuscar o corpo sobre a fogueira para que a pele se desprendesse. Depois retalhou-o e dividiu os pedaços em partes iguais com os outros, como é costume entre eles. Eles o comeram com exceção da cabeça e das tripas, de que tiveram náusea, pois estava enfermo.

Depois andei pelas cabanas. Numa delas estavam assando os pés, numa outra as mãos, na terceira, partes do tronco. Então lhes contei que o Carijó, que estavam assando ali e que queriam comer, sempre me caluniava e lhes dizia que eu tinha matado a tiros alguns amigos deles enquanto eu estava com os portugueses. Isso era mentira, e ele nunca me tinha visto lá. "Agora vocês bem sabem", continuei, "que ele esteve alguns anos entre vocês e nunca tinha adoecido. Mas agora o meu Deus ficou zangado por causa das mentiras que ele espalhou sobre mim. Deixou-o adoecer e vos fez chegar à mente a ideia de o matar e comer. Meu Deus agirá dessa forma com todas as pessoas más que me causaram ou causarão sofrimento!" Frente a tais palavras, muitos dos selvagens ficaram temerosos. Para tanto agradeci a Deus todo-poderoso por ter-se mostrado em tudo tão prestativo e misericordioso.

POR ISSO PEÇO AO LEITOR

que preste atenção no que escrevo. Pois não faço esse esforço porque me apraz escrever algo novo, mas unicamente para trazer à luz do dia as benfeitorias que Deus me concedeu.

Nesse entretempo, chegou a época em que queriam ir à guerra, para a qual estavam se preparando havia três meses. Esperava sempre que nessa ocasião, ao partir, me deixassem em casa com as mulheres. Pois pretendia fugir durante sua ausência.

Capítulo 40

Como chegou um navio francês e os selvagens negociaram algodão e pau-brasil. Como eu quis partir nesse navio, mas não estava previsto por Deus

Cerca de oito dias antes do início da expedição guerreira, um navio francês chegou a um porto a cerca de oito milhas de Ubatuba, que os portugueses chamam de Rio de Janeiro e os selvagens, de Niterói. Lá, os franceses costumavam carregar pau-brasil. Num barco chegaram também em nossa aldeia, e, com os selvagens, negociaram pimenta, macacos e papagaios. Um dos ocupantes do barco veio à terra. Chamava-se Jacó, conhecia a língua dos selvagens e negociou com eles. Pedi-lhe que me levasse a bordo, mas meus senhores disseram não, eles não me deixariam partir assim, queriam muitas mercadorias em troca de mim. Então lhes pedi que me levassem eles mesmos até o navio, que meus amigos lhes dariam bastantes mercadorias, mas eles responderam: "Não, esses não são seus verdadeiros amigos, pois se fossem eles teriam dado uma camisa para você, já que você anda nu; mas eles não se importam com você". Isso era verdade, mas retruquei-lhes que me vestiriam no grande navio, quando eu chegasse lá. Mas isso também não aceitaram. O navio não partiria tão logo, eles precisavam primeiro ir à guerra e me levariam depois, ao retornar.

Finalmente, os franceses quiseram partir, depois que o barco deles ficou ancorado durante uma noite frente à aldeia. Quando me dei conta, pensei: Ó Deus bondoso, se esse navio também voltar para casa sem me levar, então realmente perecerei entre os selvagens, pois nesta gente não se pode confiar.

Com esses pensamentos saí da cabana e fui até o mar. Eles perceberam e foram atrás de mim, para me prenderem. Corria deles e escapei do primeiro que me alcançou, acertando-o, e consegui fugir, apesar de a aldeia inteira estar em meu encalço.

Nadei até o barco. Mas quando quis entrar, os franceses me empurraram de volta para a água. Eles achavam que, se me levassem contra a vontade dos selvagens, estes se rebelariam e ficariam seus inimigos.

Então, nadei desolado de volta para a terra e pensei: vejo agora que é a vontade de Deus que eu fique ainda mais tempo em minha desgraça. Mas, se eu não tivesse tentado escapar, mais tarde eu pensaria que era minha própria culpa.

Quando saí da água, os selvagens estavam contentes e exclamavam entre si: "Não! Ele voltou!". Fiz-me de sério e disse: "Vocês acharam que eu ia fugir de vocês assim? Fui até o barco para dizer aos meus conterrâneos que se preparassem e juntassem muitas mercadorias para vocês, até vocês voltarem da guerra e me levarem até eles". Isso lhes agradou, e ficaram novamente satisfeitos. *Fig. 24*

Capítulo 41

Como os selvagens foram à guerra e me levaram com eles, e o que ocorreu durante a expedição

Quatro dias mais tarde, em frente à aldeia de Ubatuba, os selvagens reuniram alguns barcos com os quais queriam ir à guerra. Também o chefe Cunhambebe tinha vindo com seus barcos. Então meu senhor disse que queria me levar, mas lhe pedi que me deixasse em casa, e assim teria feito se

Fig. 24 Os franceses repelem Hans Staden depois que ele consegue fugir.

Cunhambebe não tivesse dado ordens para que me levassem junto. Dei-lhes a impressão de que ia a contragosto, pois imaginava que, se fosse de bom grado, pensariam que eu pretendia fugir deles na chegada à terra de seus inimigos; assim manteriam menos vigilância sobre mim. Também era minha intenção escapar para o navio francês, se me deixassem em casa. Mas me levaram.

Eram 38 barcos, e cada um estava ocupado por cerca de dezoito homens. Alguns ficaram atentos às profecias de seus ídolos, de sonhos e outras tolices nas quais acreditavam, de modo que estavam confiantes no empreendimento. A intenção deles era avançar até a região de Bertioga, onde tinham me capturado, esconder-se na floresta nas proximidades do povoado e levar os inimigos que lhes caíssem nas mãos.

Por volta de 14 de agosto de 1554, iniciamos a expedição guerreira. Neste mês, um certo tipo de peixe muda do mar para lugares onde corre água doce, para fazer a desova. Em português chamam-se tainhas, em espanhol lisas e, na língua dos selvagens, piratis. Os selvagens chamam de piracema essa época da desova. Nessa época vão todos para a guerra, tanto os Tupinambás quanto seus inimigos, e durante os deslocamentos apanham e comem os peixes. Na ida demoram bastante, mas na volta são tão rápidos quanto possível.

Eu continuava esperando que também os amigos dos portugueses estivessem a caminho, pois queriam invadir a terra dos Tupinambás, como os portugueses me haviam contado recentemente em seu navio.

Durante a viagem, os selvagens me perguntavam frequentemente se eu achava que eles capturariam inimigos. Para não irritá-los, disse que sim e acrescentei que os inimigos iriam deparar-se conosco.

Certa noite, estávamos acampados num lugar também chamado Ubatuba. Lá pescamos grande quantidade de peixes, piratis ou tainhas, que são mais ou menos do tamanho de um lúcio adulto. Um vento forte soprava. Eles falavam comigo e tinham muitas perguntas. Então disse-lhes: “Esse vento está soprando sobre muitos mortos”. Em razão de um outro grupo de sua gente, também a caminho, em barcos, ter entrado na área pelo rio Paraíba, eles pensavam que estes já podiam ter atacado em território inimigo e matado alguns deles. Soube mais tarde que isso de fato tinha ocorrido.

Quando ainda estávamos a um dia de distância do lugar onde deveriam desferir seu ataque, acamparam no mato frente a uma ilha chamada de São Sebastião pelos portugueses, e de Maembipe pelos selvagens. Ao anoitecer, o chefe Cunhambebe percorreu o acampamento na floresta, exortou-os à luta e disse que agora não estavam mais distantes do território do inimigo. Cada um deveria prestar atenção no sonho que teria à noite, e fazer com que o sonho fosse algo de feliz. Quando terminou, dançaram com seus ídolos até a noite. Em seguida foram dormir. Quando meu senhor foi deitar-se, disse-me que também sonhasse com algo de feliz. Mas eu respondi: "Eu não dou atenção aos sonhos, pois eles enganam". Ao que respondeu: "Então trata mesmo assim com o teu Deus para que possamos capturar inimigos".

Ao clarear o dia, os chefes se reuniram em torno de um recipiente com peixes cozidos, que eles comeram, e contaram uns aos outros os sonhos que tiveram, à medida que se lembravam deles. Alguns dançaram com seus ídolos. Queriam seguir no mesmo dia para as proximidades do território de seus inimigos até uma faixa de terra chamada Boiçucanga, onde queriam ficar à espreita esperando o entardecer. *Fig. 25*

Quando partimos de nosso acampamento noturno frente à ilha de Maembipe, perguntaram-me mais uma vez os selvagens o que eu achava que iria acontecer. Eu disse qualquer coisa: "Em Boiçucanga o inimigo virá ao nosso encontro. Sejam apenas corajosos". Minha intenção era escapar deles ao chegarmos a Boiçucanga, visto que o lugar onde me tinham aprisionado ficava a apenas seis milhas dali.

Ao avançarmos ao longo da costa, vimos realmente barcos atrás de uma ilha, que estavam vindo em nossa direção. Os selvagens gritaram: "Lá vêm os nossos inimigos, os Tupiniquins!". Eles queriam esconder-se com as canoas atrás de um morro, de forma a deixar os outros se aproximarem desprevenidamente. Mas eles nos perceberam e puseram-se a fugir para suas terras. Remamos com todas as nossas forças durante quatro horas, até finalmente alcançá-los. Eram cinco canoas cheias, todas de Bertioga.

Conhecia-os todos. Num dos cinco barcos encontravam-se seis mamelucos que haviam sido batizados, entre eles dois irmãos, Diogo e Domingos de Braga. Esses dois defenderam-se bravamente, um deles com uma espingarda, o outro com o arco, e resistiram em seu barco durante duas horas inteiras contra cerca de trinta canoas das nossas. Mas quando ao final tinham atirado todas as suas flechas, os

Fig. 25 Acampamento dos Tupinambás frente à ilha de São Sebastião, durante a expedição guerreira.

Tupinambás os dominaram e aprisionaram. Alguns foram mortos logo depois a golpes e a tiros. Os dois irmãos não ficaram feridos, embora dois dos mamelucos recebessem ferimentos graves, assim como alguns dos Tupiniquins, entre eles uma mulher. *Fig. 26*

Fig. 26 Luta no mar dos Tupinambás contra os mamelucos e Tupiniquins na altura de Boiçucanga.

Capítulo 42

Como eles trataram os prisioneiros na viagem de volta

O lugar onde os Tupiniquins foram aprisionados ficava a duas boas milhas de distância da costa. Remamos, portanto, tão rápido quanto pudemos de volta para a terra, de forma a acamparmos no mesmo lugar que na noite

Fig. 27 Preparação da festa da vitória em acampamento dos Tupinambás, próximo a São Sebastião.

anterior. À tarde, pouco antes do pôr do sol, chegamos à região de Maembipe. Lá, cada um levou seu prisioneiro para sua cabana. Os que estavam gravemente feridos foram arrastados para a praia, onde logo depois foram mortos a golpes e cortados em pedaços, de acordo com os seus costumes. A seguir assaram a carne. Entre os que foram assados à noite havia dois mamelucos que eram cristãos. Um deles chamava-se Jorge Ferreira e era filho de um capitão português que o teve com uma selvagem. O outro chamava-se Jerônimo. Jerônimo foi capturado por um selvagem que ficava comigo numa cabana e se chamava Paraguá. Este assou Jerônimo durante a noite, a cerca de um passo de onde eu dormia. Jerônimo (que Deus tenha sua alma!) era um parente de sangue de Diogo de Braga. *Fig. 27*

Quando os selvagens finalmente acamparam para a noite, fui até a cabana onde colocaram os dois irmãos para falar com eles, pois eram bons amigos meus da época em que fui aprisionado em Bertioga. Eles me perguntaram se também seriam comidos, e eu disse que deviam deixar isso por conta da vontade do Pai divino e de seu querido filho Jesus Cristo, "que foi crucificado por causa de nossos pecados e em cujo nome somos batizados. E nele, eu acredito; ele protegeu-me durante muito tempo entre os selvagens, e precisamos contentar-nos com o que Deus todo-poderoso faz conosco." Foi assim que falei.

Os dois irmãos ainda me perguntaram como estava Jerônimo, o primo deles. Disse-lhes que estava sobre o fogo e assava, e que eu já vira como tinham comido um pedaço do filho do capitão Ferreira. Neste momento choraram. Tratei de consolá-los e disse-lhes que eles bem sabiam que eu já estava mais ou menos no oitavo mês entre os selvagens e que Deus me tinha poupado. "Ele fará o mesmo com vocês. Tenham confiança nele." E acrescentei: "Tudo isso na verdade podia me pesar mais no coração do que a vocês, pois venho de uma terra estrangeira e não estou acostumado aos horríveis costumes dessa gente. Vocês, no entanto, nasceram e foram criados nesta terra." Sim, disseram eles, eu teria endurecido tanto em minha desgraça que nada disso me tocava mais.

Enquanto assim conversávamos, os selvagens me deram a ordem de deixar os irmãos e ir para a minha cabana, e me perguntaram o que tanto eu tinha a conversar com eles. Lamentei ter de deixá-los. Aconselhei-os a se entregarem inteiramente à vontade de Deus; bem que eles viam quanta desgraça havia neste vale de lágrimas. Ao que eles responderam que jamais a tinham sentido como sentiam agora, e achavam que, visto que todos os homens deviam morrer um dia por vontade divina, então que o fariam de coração mais aliviado, porque eu também estava com eles.

Em seguida, saí da cabana e olhei para os prisioneiros espalhados pelo acampamento. Estava sozinho. Ninguém cuidava de mim. Podia ter ido embora, pois estávamos frente à ilha de Maembipe, a dez milhas apenas de Bertioga. Mas não o fiz em consideração aos outros prisioneiros cristãos, dos quais quatro ainda estavam vivos, pois imaginei que, se escapasse, os selvagens ficariam irados e os matariam logo; talvez a essas alturas Deus nos mantivesse todos juntos. Decidi, portanto, ficar entre eles e reconfortá-los, e foi o que fiz. Nesse entretempo, os selvagens estavam bem intencionados a meu respeito, pois por acaso lhes tinha profetizado que o inimigo viria ao nosso encontro. Depois que isso ocorreu, eles disseram que eu era melhor profeta que seus maracás.

Capítulo 43

Como os selvagens dançaram com seus inimigos, ao acamparmos no dia seguinte

No dia seguinte, chegamos a um grande morro chamado Ocaraçu, não longe da terra dos Tupinambás. Os selvagens pararam para lá montar acampamento e passar a noite. Fui até a cabana de Cunhambebe, o chefe mais importante, e perguntei-lhe o que pretendia fazer com os mamelucos. Ele disse que seriam comidos e proibiu-me de conversar com eles, pois estava muito zangado com eles. Eles deviam ter ficado em casa e não guerrear contra ele com seus inimigos.

Quando lhe pedi que os deixasse viver e os devolvesse aos amigos em troca de um resgate, apenas repetiu que seriam comidos.

Nesse entretempo, Cunhambebe tinha diante de si um grande cesto cheio de carne humana. Comia de uma perna, segurou-a frente à minha boca e perguntou se eu também queria comer. Respondi: "Um animal irracional não come um outro igual a si, e um homem deveria comer um outro homem?". Então ele mordeu e disse: "Jauára ichê. Sou uma onça. É gostoso". E afastei-me. *Fig. 28*

Fig. 28 Dança em torno dos prisioneiros no acampamento de Ocaraçu.

Na mesma noite ordenou que todos trouxessem seus prisioneiros para um descampado em frente à floresta, à beira da água. O que foi feito. Os selvagens reuniram-se e formaram um grande cerco dentro do qual ficaram os prisioneiros. Estes tiveram de cantar todos juntos e agitar os ídolos, os maracás. Em seguida, um após o outro falou destemidamente, dizendo: "Sim, nós saímos, como fazem os homens corajosos, para capturá-los e comê-los, a vocês, nossos inimigos. Mas vocês foram mais fortes e nos capturaram. Não pedimos nada. Os combatentes valorosos morrem nas terras de seus inimigos. E nossa terra ainda é grande. Os nossos ainda se vingarão em vocês". Então os outros responderam: "Vocês já eliminaram muitos dos nossos. Queremos vingá-los em vocês". Quando terminaram essas falas, cada um levou seu prisioneiro para seu abrigo.

No terceiro dia, voltamos para a terra deles. Levaram os prisioneiros consigo para as respectivas aldeias natais. Os de Ubatuba, entre os quais eu vivia, tinham capturado oito selvagens vivos além de três mamelucos, que eram cristãos: Diogo, o irmão dele e um terceiro, de nome Antônio. Este último foi pego pelo filho do meu senhor. Levavam a carne assada de dois outros mamelucos, também eles cristãos, para comê-la em casa mais tarde. Para as viagens de ida e volta precisaram de onze dias no total.

Capítulo 44

Como o navio francês para o qual queriam levar-me ainda estava lá quando voltaram da guerra. Isso louvaram a mim.

Quando chegamos à terra deles, solicitei-lhes que me levassem até o navio dos franceses, pois tinha ido à guerra com eles e os tinha ajudado na captura dos inimigos, através de quem finalmente souberam que eu não era português. Eles afirmaram que iriam me levar, mas primeiro descansariam e comeriam o moquém, a carne assada dos dois cristãos.

Capítulo 45

Como comeram o primeiro dos dois cristãos assados, a saber, o filho do capitão português Jorge Ferreira

Frente à minha cabana, bem perto, ficava a do chefe Tatámiri. Era dele um dos cristãos assados, e, de acordo com o costume, mandou os selvagens prepararem a bebida. Muita gente reuniu-se, beberam, cantaram e fizeram uma grande festa. No dia seguinte, depois da bebedeira, esquentaram mais uma vez a carne assada e a comeram. A carne do outro, Jerônimo, no entanto, estava dependurada dentro de um cesto, na cabana onde eu estava, e ficou sobre o fumeiro durante umas três semanas, até tomar-se dura como madeira. Havia um motivo para ela ficar tanto tempo sobre o fogo sem ser comida. O selvagem a quem pertencia se chamava Paraguá. Ele tinha saído em busca das raízes necessárias para a preparação da festa que precede a comida. Assim, o tempo passou; mas não queriam levar-me ao navio antes de a festa ocorrer e de terem comido Jerônimo. Nesse entretempo, o navio francês, que ficava ancorado a cerca de oito milhas de distância, tinha ido embora.

Quando ouvi isso fiquei muito triste. Os selvagens ainda me disseram que os franceses costumavam vir todos os anos, e com isso tive de me contentar.

Capítulo 46

Como Deus todo-poderoso fez um milagre

Eu tinha feito uma cruz com dois troncos grossos e a ergui frente à cabana onde eu vivia. Lá orava frequentemente ao Senhor. Aos selvagens tinha recomendado não arrancá-la, pois isso poderia lhes trazer uma desgraça; no entanto, eles não levaram em conta minhas palavras. Uma vez em que eu saí com eles para pescar, uma mulher arrancou a cruz e deu-a a seu marido. Ele devia usar a cruz para esmigalhar as conchas dos caracóis do mar, com as quais faziam uma espécie de rosário. Isso me causou enorme desgosto. Pouco depois começou a chover, e choveu durante dias. Vieram, então, à minha cabana, e exigiram que eu tratasse com o meu Deus para que a chuva parasse. Pois a época de plantio tinha começado, e, se não parasse de chover, eles não poderiam plantar.

Respondi que a culpa era deles. Eles tinham irritado o meu Deus, ao arrancarem a madeira na qual eu costumava falar com Ele. No fim acreditaram que aquele era o motivo da chuva, e o filho do meu senhor me ajudou a levantar uma nova cruz. A julgar pelo sol, isso foi mais ou menos à uma da tarde. Quando ficou pronta, o tempo ficou bom de uma hora para outra, apesar de ter estado péssimo de manhã. Todos ficaram admirados e acreditaram que o meu Deus fazia o que eu queria. *Fig. 29*

Fig. 29 A cruz em Ubatuba, com Hans Staden orando. Mulheres com filhos nas costas, na colheita da mandioca.

Capítulo 47

Como estive certa noite pescando com dois selvagens e Deus me proporcionou um milagre ao enfrentarmos chuva e tempestade

Estava eu com Paraguá, um dos selvagens mais importantes, aquele que tinha assado Jerônimo, e mais um outro, pescando. No início do crepúsculo, levantou-se uma forte tempestade de chuva. Chovia não longe de nós, e o vento trouxe-nos a chuva. Os dois selvagens pediram-me, então, para falar com o meu Deus, para que a chuva não nos atrapalhasse. Pois poderíamos conseguir ainda mais peixe. E eu bem que sabia que em nossa cabana não tínhamos nada de comer. *Fig. 30*

As palavras me tocaram, e pedi ao Senhor, de todo o coração, que me mostrasse seu poder, pois os selvagens exigiam de mim que o mostrasse, para que vissem como o meu Deus sempre estava do meu lado. Quando terminei a oração, o vento veio a toda velocidade com a chuva, e choveu aproximadamente até seis passos de nós. Mas lá onde estávamos ficou seco, de modo que Paraguá disse: "Agora vejo que você falou com o teu Deus". E então pescamos mais alguns peixes.

Ao retornarmos para a cabana, ambos contaram que eu tinha falado com o meu Deus e o que sucedeu depois. Os outros selvagens ficaram admirados.

Fig. 30 Pesca sob tempestade.

Capítulo 48

Como comeram Jerônimo, o segundo dos dois cristãos assados

Quando Paraguá finalmente conseguiu reunir todos os ingredientes – que tinha saído para procurar, como mencionado mais acima –, mandou prepararem as bebidas. Estavam destinadas para o festim após o qual a carne de Jerônimo deveria ser comida. Durante o festim trouxeram para junto de mim os dois irmãos e ainda um outro homem chamado Antônio, que o filho de meu senhor havia capturado, de modo que todos os quatro cristãos estávamos juntos. Tivemos de beber com eles, mas antes de começarmos oramos a Deus para que fosse misericordioso com a alma de Jerônimo e também conosco, quando viesse a nossa hora. Os selvagens conversavam conosco e estavam alegres, mas nós estávamos muito infelizes.

Logo de manhã cozeram de novo a carne e a comeram. Em pouco tempo devoraram tudo.

Ainda no mesmo dia levaram-me, para dar-me de presente. Diogo e seu irmão me pediram, quando nos despedimos, que orasse a Deus por eles, e dei-lhes instruções para o caso de lhes ser possível fugir. Expliquei-lhes para onde deveriam dirigir-se na serra, para que os inimigos não pudessem segui-los, pois conhecia bem a serra. Como fiquei sabendo mais tarde, eles o fizeram; escaparam e conseguiram fugir. No entanto, não sei se voltaram a ser capturados.

Capítulo 49

Como levaram-me embora para presentear-me

Os selvagens seguiram comigo até Taguaraçu-tiba, onde queriam presentear-me. Quando já tínhamos nos afastado uma certa distância da terra, virei-me em direção das cabanas que tínhamos deixado para trás e vi uma nuvem negra pairando sobre elas. Mostrei-a para os selvagens e disse que meu Deus estava zangado com a aldeia, pois tinham comido carne humana etc.

Quando finalmente chegaram a Taguaraçu-tiba, entregaram-me para um chefe chamado Abati-poçanga. Disseram-lhe que não me maltratasse ou deixasse maltratar, pois o meu Deus era terrível contra os que me faziam mal. Isso eles tinham visto quando eu ainda estava entre eles, e eu mesmo adverti-o de que em breve meus irmãos e amigos viriam buscar-me num navio cheio de mercadorias, e que, se me tratassem bem, lhes daria mercadorias. Eu tinha certeza de que meu Deus logo traria para cá os navios de meus irmãos. Isso lhes agradou. O chefe nomeou-me seu filho, e saí para caçar com os filhos dele.

Capítulo 50

Como os selvagens da mesma aldeia me informaram sobre a partida do navio francês acima mencionado

Eles me contaram como o último navio, o *Maria Bellete*, de Dieppe, a bordo do qual eu queria muito ter partido, foi totalmente carregado de pau-brasil, pimenta, algodão, penas, macacos, papagaios e outras mercadorias afins, que não se pode encontrar em Dieppe. No porto do Rio de Janeiro, os franceses teriam tomado um navio português e deram um português de presente a Itavu, um chefe dos selvagens, que o teria comido. Também estaria a bordo do mesmo navio o francês que após minha captura tinha recomendado aos selvagens que me comessem, pois queria voltar para seu país. Tratava-se do mesmo navio sobre o qual relatei acima, quando fugi dos selvagens, cheguei ao barco e não quiseram me levar. Este navio afundou em sua travessia de volta para casa. Quando mais tarde voltei para a França num outro navio, ninguém sabia onde tinha ido parar. Sobre isso ainda relatarei.

Capítulo 51

Como, pouco depois de eu ter sido presenteado, um outro navio chegou da França, o Catherine de Vatteville, *o qual, pela graça divina, me resgatou*

Eu estava há cerca de quatorze dias na aldeia de Tagua-raçu-tiba, na casa do chefe Abati-poçanga, quando certo dia alguns selvagens vieram ao meu encontro e disseram ter ouvido tiros. Devia ser no porto de Niterói, que também chamam de Rio de Janeiro. Quando tive certeza de que havia ali um navio, pedi que me levassem, pois talvez fossem meus irmãos. Eles aceitaram, mas ainda assim me retiveram por mais alguns dias.

Nesse entretempo, os franceses que vieram para Niterói ficaram sabendo que eu vivia entre os selvagens. Então, o capitão enviou duas pessoas de seu navio com alguns chefes de tribos com as quais tinham amizade para o lugar onde eu estava. Foram para uma cabana que pertencia ao chefe Coó-uara-açu e que era vizinha daquela onde eu estava. Os selvagens me anunciaram que dois homens tinham vindo do navio. Fiquei contente, fui até eles e dei-lhes as boas-vindas na língua dos selvagens. Quando me viram andar em tão miserável estado, tiveram pena e me deram algumas roupas. Perguntei por que tinham vindo. Responderam que por minha causa. Receberam ordens de me levar a bordo, e deviam fazê-lo por todos os meios.

Enchi-me, então, de alegria até o fundo do coração com a misericórdia de Deus, e disse a um deles, que se chamava Perot e conhecia a língua dos selvagens, que ele devia anunciar que era meu irmão e que tinha trazido alguns caixotes cheios de mercadorias, de modo que os selvagens me levassem até o navio e buscassem os caixotes. O francês ainda deveria dizer que eu queria ficar com eles, para colher pimenta e outras mercadorias, até que os navios voltassem no ano seguinte.

Depois dessas novas, finalmente levaram-me até o navio, e meu senhor em pessoa veio junto. A bordo todos tiveram pena de mim e trataram-me muito bem.

Depois de cinco dias no navio, o chefe Abati-poçanga, para quem eu fui dado de presente, perguntou-me onde estavam os caixotes; eu devia fazer com que me fossem entregues, para que a seguir pudéssemos voltar. Transmiti esse pedido ao capitão. Ele me recomendou que ganhasse tempo com o chefe até que o navio estivesse com todo o carregamento, para que não ficassem irritados e causassem dificuldades ao perceberem que eu seria mantido a bordo, ou ainda que planejassem alguma traição. São um povo no qual não se pode confiar. Mas meu senhor, o chefe, insistia a todo custo em me levar de volta para casa. Ainda assim, minhas palavras conseguiram fazê-lo esperar algum tempo. Eu disse-lhe que não devia ter tanta pressa, pois sabia que, quando bons amigos se encontravam, não podiam se separar tão rápido. Quando os franceses tivessem partido com seus navios, iríamos voltar para sua cabana. Assim consegui segurá-lo.

Quando finalmente o navio estava pronto para a viagem, todos os franceses se reuniram a bordo. Fiquei entre eles, e o meu senhor, o chefe, também estava presente com aqueles que o acompanharam. Através de seu intérprete, o capitão do navio fez dizer aos selvagens que lhe agradava muito não terem me matado depois de me capturarem entre seus inimigos. Fez-lhes dizer, também, com o intuito de me resgatarem deles mais facilmente e de forma amigável, que me tinha feito vir a bordo para dar-lhes algo, pois tinham cuidado tão bem de mim. Por ser conhecido deles, também era sua intenção dar-me algumas mercadorias para que eu ficasse entre os selvagens até ele voltar, e assim colher pimenta e outras mercadorias de que pudesse precisar.

Mas tínhamos combinado anteriormente que cerca de dez homens da tripulação, que fossem até certo ponto parecidos comigo, se reuniriam e diriam ser meus irmãos, e que queriam me levar para casa. Esse pedido foi apresentado ao chefe. Meus irmãos não queriam de jeito nenhum que eu fosse novamente para terra com ele. Eu devia voltar para casa, pois nosso pai desejava ver-me uma última vez antes de morrer. Então, o capitão mandou dizer aos selvagens que ele era comandante a bordo, e via com bons olhos que eu voltasse com eles para terra, mas ele estava sozinho e meus irmãos eram muitos. Não podia fazer nada contra eles. Essa desculpa foi usada apenas para ficarem em bons termos com os selvagens. Eu também disse ao meu senhor, o chefe, que queria voltar com ele, mas ele bem via que meus irmãos não o queriam permitir. Ele começou então a gritar e disse que se quisessem me levar de qualquer forma, então eu deveria voltar no primeiro navio, pois tinha me tratado como um filho e estava muito zangado com os selvagens de Ubatuba porque quiseram comer-me. E uma de suas mulheres, que estava junto a bordo, devia queixar-se de mim em voz alta, como é costume deles, e eu também apresentei minhas queixas. No final o capitão lhe deu alguns objetos, facas, machados, espelhos e pentes, no valor aproximado de cinco ducados. Com isso retiraram-se para terra e foram para suas casas.

Assim, Deus todo-poderoso, Deus de Abraão, Isaac e Jacó, ajudou a me livrar do poder desses horríveis e cruéis selvagens. Seja Ele louvado, enaltecido e honrado na pessoa de Jesus Cristo, seu filho querido, nosso salvador. Amém.

Capítulo 52

Como se chamavam o capitão e o timoneiro, de onde era o navio, o que aconteceu antes de nossa viagem e quanto tempo demoramos para chegar até a França

O capitão do navio chamava-se Guilherme de Moner, o piloto, François de Schantz, e o navio mesmo, *Catherine de Vatteville.* Preparou-se o navio para a travessia até a França.

Então, uma certa manhã, quando ainda estávamos no porto do Rio de Janeiro, veio um pequeno navio e quis sair da baía. Ele tinha feito comércio com os Maracajás, uma tribo de selvagens amiga dos portugueses e cujo território faz fronteira com as terras dos Tupinambás, os amigos dos franceses. As duas tribos vivem em constante inimizade. Era o navio que, como já foi narrado, devia comprar a minha liberdade dos selvagens. *Fig. 31*

Pertencia a um feitor cujo nome era Peter Rösel. Os franceses equiparam seus barcos com canhões, avançaram até os portugueses baía adentro e queriam tomar o navio. Levaram-me com eles. Eu devia falar com o inimigo e exigir que se rendesse. No entanto, quando atacamos os portu-

Fig. 31 Batalha entre franceses e portugueses na baía do Rio de Janeiro.

gueses, nos repeliram. Alguns franceses foram mortos com armas de fogo e outros foram feridos. Também eu fui gravemente ferido por um tiro, muito mais gravemente que qualquer um dos outros feridos que permaneceram vivos. Meu medo fez-me recorrer ao Senhor, pois pensei que devia morrer, e pedi ao bondoso Pai que, depois de me ter ajudado a fugir dos ímpios bárbaros, me deixasse viver para que pudesse voltar às terras cristãs e também para que pudesse anunciar às outras pessoas os favores que me tinha concedido. E recuperei-me totalmente. Que o bondoso Deus seja eternamente louvado! *Fig. 32*

No ano da graça de 1554, no último dia de outubro, içamos as velas no porto do Rio de Janeiro e partimos para a França. Tínhamos ventos favoráveis no mar, tanto assim que os marinheiros ficaram admirados e acharam que um

Fig. 32 Durante a viagem de regresso.

tempo desses só podia ser uma dádiva especial de Deus, o que realmente era. O Senhor visivelmente concedeu-nos um milagre no mar.

Na véspera de Natal apareceram muitos peixes chamados golfinhos nas proximidades do navio. Pescamos tantos, que durante alguns dias comemos deles até ficarmos fartos. Também para a noite dos Reis Magos Deus nos providenciou peixe em abundância. Além do que Deus nos dava do mar, não tínhamos muito para comer.

Por volta de 20 de fevereiro do ano de 1555 chegamos à França na pequena cidade de Honfleur, que fica na Normandia. Durante toda a viagem de volta, em quatro meses, praticamente não vimos terra. Agora, ao finalmente descarregarem o navio, ajudei-os, e, quando estávamos prontos, agradeci a todos pela benevolência demonstrada. Depois solicitei ao capitão um passaporte. Ele teria preferido que fizesse uma outra viagem com ele. Mas, quando viu que eu não queria ficar, providenciou-me um passaporte junto ao senhor almirante, o mais alto comandante na Normandia. Este fez-me ir até ele ao ouvir falar de mim, e deu-me o passaporte. Meu capitão deu-me algum dinheiro para que eu pudesse seguir caminho. Despedi-me e viajei de Honfleur até Le Havre Neuf e depois para Dieppe.

Capítulo 53

Como fui levado em Dieppe até a casa do capitão do Bellete, *o navio que saiu do Brasil antes de nós e ainda não regressou*

Era de Dieppe o navio anterior, o *Maria Bellete*, no qual o intérprete que tinha recomendado aos selvagens para me comerem queria voltar para a França. Também eram de lá os homens que não me deixaram subir no barco quando fugi dos selvagens, bem como o capitão desse navio. Como me contaram os selvagens, esse capitão tinha-lhes dado um português para que o comessem, depois de tomar, como já foi relatado, um navio dos portugueses.

O navio *Bellete* e sua tripulação ainda não tinham regressado quando cheguei a Dieppe, apesar de que deveriam ter chegado em casa três meses antes de nós, se levarmos em conta que nosso navio, o *Catherine de Vatteville*, ainda estava no Brasil três meses depois deles, quando me resgataram.

As mulheres, parentes e amigos dessa gente vieram falar comigo e perguntaram se eu não tinha notícias deles. Eu respondi: "Ó sim, eu tenho notícias deles. Há naquele navio pessoas descrentes de Deus. Me dá no mesmo onde tenham ido parar". Contei-lhes, então, como um membro da tripulação que estava na terra estrangeira, entre os selvagens, disse aos índios para me comerem. Mas Deus todo-poderoso me tinha protegido. Ainda lhes narrei como as pessoas a bordo foram com seu barco até a altura das cabanas onde eu estava prisioneiro para negociarem pimenta e macacos com os selvagens, como escapei dos selvagens e nadei até o barco, onde não quiseram me recolher, de modo que tive de nadar de volta até os selvagens em terra, o que na época me causou muita dor e muito sofrimento. Essas pessoas também tinham entregado um português aos selvagens, e este foi comido. Comigo não tiveram a mínima compaixão. Tudo isso me fazia ver, agora, como o bom Deus estava bem intencionado comigo, pois por graça divina eu tinha chegado antes dessa gente, de modo a trazer a seus parentes estas notícias. "Eles podem vir quando quiserem", continuei, "posso anunciar-lhes que Deus não deixa sem castigo despiedades e crueldades como as que cometeram contra mim – Deus os perdoe! – em terras estrangeiras. Cedo ou tarde vem o castigo, pois Deus, Senhor dos céus, manifestamente teve compaixão pelas minhas súplicas!" E ainda: "Para aqueles que me resgataram dos selvagens, a volta foi boa. Essa é a verdade. Deus nos deu tempo bom e vento favorável e nos deu peixes das profundezas do mar".

Ficaram zangados com isso e perguntaram se eu achava que seus parentes ainda viviam. Para não lhes tirar todas as esperanças, disse-lhes que talvez ainda pudessem voltar, embora a maior parte das pessoas, inclusive eu, devesse levar em conta que poderiam ter afundado com o navio.

Depois dessas conversas despedi-me deles e lhes pedi que dissessem a seus parentes, quando voltassem, que Deus tinha me ajudado e que eu tinha estado ali.

De Dieppe fui de navio para Londres, na Inglaterra. Fiquei lá alguns dias e depois continuei para a Zelândia, e de lá para Antuérpia. Assim Deus todo-poderoso, para quem tudo é possível, ajudou-me a voltar para minha pátria. Que seja eternamente louvado! Amém.

Minha oração para Deus Nosso Senhor, quando me encontrava em poder dos selvagens que queriam me comer.

Ó Deus todo-poderoso que criou o Céu e a Terra, Deus de nossos antepassados Abraão, Isaac e Jacó, tu que conduziste teu povo de Israel tão poderosamente das mãos de teus inimigos através do Mar Vermelho, tu que protegeste Daniel dos lobos: peço a ti, soberano eterno, que me salves das mãos dessa gente cruel que não te conhece, pela vontade de Jesus Cristo, teu querido filho, que libertou os prisioneiros do perpétuo cárcere. No entanto, Senhor, é tua vontade que eu seja submetido a uma morte tão violenta por parte desse povo que não te conhece e que, quando lhes conto de ti, me responde que tu não tens o poder de me libertar da mão deles – assim fortaleço-me neste derradeiro momento para que quando executarem sua vontade sobre mim eu não duvide de tua misericórdia. Se tiver de sofrer tanto agora nessa desgraça, então dá-me depois paz e protege-me de outras desgraças na vida futura, frente à qual temem todos nossos antepassados.

No entanto, Senhor, certamente podes libertar-me do jugo deles. Ajuda-me, eu sei que podes ajudar-me! E quando me tiveres ajudado, não irei atribuí-lo à sorte, mas unicamente à tua poderosa mão que me terá libertado. Pois agora nenhum ser humano tem o poder de me amparar. E quando me tiveres arrancado do jugo deles, então irei louvar tua misericórdia e a anunciarei a todos os povos que visitar. Amém.

Eu não posso acreditar que do fundo do coração possa um homem orar,
A não ser que esteja sob ameaça de perder a vida ou outro grande sofrimento ou perseguição.
Se nosso corpo pode viver de acordo com sua vontade,
Então a pobre criatura poderá virar-se a qualquer momento contra o seu Criador.
Para com o homem a quem Deus coloca obstáculos no caminho,
Ele está portanto querendo todo o bem

Para que ninguém tenha dúvidas,
Tal é o dom de Deus.
Nem consolo, defesa ou armas encontrarás jamais
Do que quem estiver armado com a fé e a palavra de Deus.
Por isso um homem temendo a Deus
Não pode ensinar nada melhor a seus filhos
Do que fazê-los compreender bem a palavra de Deus;
Assim poderão eles nela confiar em tempos de desgraça.

Isso vem dito, caro leitor, para que não penses
Que eu me entreguei a este esforço para ganhar fama e chamar a atenção;
Aconteceu em louvor e honra a Deus todo-poderoso,
Que conhece todos os corações e pensamentos dos homens.
A ele, caro leitor, recomendo-te;
Queira ele continuar a me proteger para sempre.

Verbum Domini Manet Inaeternum
(Eterna é a Palavra de Deus)

SEGUNDA PARTE

Breve relato verídico sobre os modos e costumes dos Tupinambás,

de quem fui prisioneiro. Eles vivem na América. Suas terras ficam a 24 graus ao sul da linha equinocial e fazem fronteira com o estuário de um rio que se chama Rio de Janeiro.

Fig. 33 Tupinambás com pilão, arco e ornamento de penas.

Capítulo 1

Como se viaja de navio de Portugal para o Rio de Janeiro, que fica na América aproximadamente a 24 graus de latitude sul, na altura do trópico de Capricórnio

Lisboa é uma cidade em Portugal e fica 24 graus ao norte do Equador. Quando se quer viajar de Lisboa para a província do Rio de Janeiro, na terra do Brasil, que também é chamada de América, viaja-se primeiro para as ilhas Canárias. Elas pertencem ao Rei da Espanha, e seis delas serão nomeadas aqui: Gran Canaria, Lanzarote, Fuerteventura, Ferro, Palma e Tenerife.

De lá vai-se para um arquipélago, chamado ilhas de Cabo Verde, que significa ilhas do Morro Verde. Esse morro de cor verde situa-se na terra dos mouros negros, a qual também chamam de Guiné; o arquipélago fica abaixo do trópico de Câncer e pertence ao Rei de Portugal.

A partir das ilhas de Cabo Verde segue-se rumo ao sudoeste até a terra do Brasil. O mar é grande e muito extenso. Frequentemente navega-se três meses até chegar à terra, primeiro passando pelo trópico de Câncer, que se deixa para trás, e depois pelo Equador. Quando se deixa este último para trás, ao norte, não se pode mais ver a estrela do Norte, que também se chama estrela polar do Norte. Chega-se então à altura do trópico de Capricórnio e viaja-se sob o sol a pino. Quando se passa o trópico de Capricórnio em direção ao sul, vê-se o sol ao norte.

Capítulo 2

Como se apresenta a terra da América, ou Brasil, que vi em parte

A América é uma terra extensa. Existem lá muitas tribos de homens selvagens com diversas línguas e numerosos animais estranhos. Tem um aspecto aprazível. As árvores estão sempre verdes. Lá não crescem madeiras parecidas com as nossas madeiras de Hessen. Os homens andam nus. Na parte da terra que fica entre os trópicos, em nenhuma estação faz tanto frio como aqui, no dia de São Miguel, mas a terra ao sul do trópico de Capricórnio é um tanto mais fria. Lá vive uma tribo de selvagens chamados Carijós. Eles usam as peles de animais selvagens e preparam-nas com esmero e se cobrem com elas. Suas mulheres produzem tecidos de fios de algodão parecidos com sacos, abertos em cima e embaixo. Vestem-nos e, na língua deles, chamam-nos de tipoi.

Naquela terra existem também algumas frutas de vegetação rasteira e arbórea, das quais homens e animais se alimentam. As pessoas têm o corpo de cor marrom avermelhada. Isso vem do sol, que as queima assim. É um povo hábil, maldoso e sempre pronto para perseguir e comer os inimigos.

A terra da América estende-se por várias centenas de milhas para o norte e para o sul no sentido do comprimento. Velejei boas quinhentas milhas ao longo da costa, e numa parte da terra estive eu mesmo em numerosos lugares.

Capítulo 3

Sobre uma grande serra que fica naquela terra

Existe lá uma serra que avança até umas três milhas do mar, em alguns lugares mais e em outros menos. Começa aproximadamente na altura da Baía de Todos os Santos, um lugar construído e habitado pelos portugueses, e estende-se no total por 204 milhas ao longo da costa, até que termina em 29 graus ao sul do Equador. Em alguns lugares tem oito milhas de largura. Do outro lado dessa serra também há terra. Entre as montanhas há numerosos e belos cursos de água, onde há caça em abundância.

Na serra há uma raça de selvagens chamados Guaianás. Eles não têm moradia fixa como os outros selvagens, que moram aquém e além das montanhas, e travam guerras com todas as outras tribos. Quando pessoas de tribos estranhas caem em seu poder, eles as comem. Da mesma forma o fazem os outros com eles. Perseguem a caça na serra, atiram habilmente nos animais com o arco e demonstram grande habilidade também com outras coisas, como laços e armadilhas, com os quais pegam os animais. Também na serra há muito mel silvestre, que eles comem. As pessoas geralmente sabem reconhecer os gritos dos animais e o canto dos pássaros e usam-nos para surpreendê-los e caçá-los mais facilmente. Acendem fogo com dois paus, como todos os outros selvagens. Normalmente, assam a carne que comem. Locomovem-se com as mulheres e os filhos.

Quando acampam próximo de terras inimigas, erguem perto de suas cabanas uma cerca de varapaus, de forma que não possam ser atacados desprevenidamente, e também como proteção contra onças. Também enfiam espinhos pontiagudos, chamados maracá-ibás, no solo em torno de suas cabanas, da mesma forma que aqui colocamos armadilhas. Fazem isso por temor de seus inimigos.

Mantêm um fogo durante a noite toda. Apagam-no ao amanhecer, para que não se possa ver a fumaça e localizá-los.

Deixam crescer bastante os cabelos e as unhas. Como outros selvagens, têm ídolos chamados maracás, que consideram deuses. Também organizam festas com bebida e danças. Cortam com os dentes de animais selvagens e retalham-nos com cunhas de pedra, como as tinham também outras tribos antes de fazerem comércio com os navios.

Frequentemente, empreendem excursões contra seus inimigos. Quando querem capturar inimigos, escondem-se atrás de galhos secos perto das cabanas inimigas. Quando vem gente a apanhar a madeira, tentam capturá-los. Tratam seus inimigos de forma muito mais cruel que estes o fazem, pois muitas vezes cortam, cheios de ódio, braços e pernas de seres vivos. Os outros, no entanto, primeiro matam a golpes seus inimigos antes de os despedaçar e comer.

Capítulo 4

Sobre selvagens Tupinambás, dos quais eu fui prisioneiro

Os Tupinambás vivem próximos ao mar, ao pé da grande serra já mencionada, mas seu território se estende também além das montanhas, por cerca de sessenta milhas. Têm terras no rio Paraíba, que vem da serra e desemboca no mar, e ao longo do mar possuem uma área de cerca de 28 milhas de comprimento, que habitam.

São pressionados por adversários de todos os lados. Ao norte, seus vizinhos são uma tribo de selvagens chamados Guaitacás. São seus inimigos. Seus adversários ao sul são os Tupiniquins; os que vivem em direção ao interior das terras são chamados de Carajás; perto deles, na serra, vivem os Guaianás, e, entre estes, vive mais uma tribo, a dos Maracajás, que os perseguem continuamente. Todas estas tribos guerreiam entre si, e quando alguém captura um inimigo, ele é comido.

Capítulo 5

Como os Tupinambás constroem suas moradias

Eles as constroem de preferência em lugares onde há água e madeira, e também animais e peixes nas proximidades. Quando esgotam uma região, mudam suas moradias para outra. Quando querem construir suas cabanas, um chefe reúne um grupo de cerca de quarenta homens e mulheres, tantos quantos puder conseguir, e esses normalmente são seus amigos e parentes; erguem uma cabana, com cerca de quatorze pés de largura e, conforme o número de moradores, de até 150 pés de comprimento. Essas cabanas têm aproximadamente duas braças de altura, são redondas como uma abóbada de porão, no topo, e cobertas com uma espessa camada de folhas de palmeira para que não chova dentro. No interior, não são subdivididas por paredes. Ninguém tem um quarto próprio; no entanto, cada núcleo, marido e mulher, dispõe de um espaço de doze pés no sentido longitudinal. O lugar equivalente do outro lado, no sentido longitudinal, é tomado por outro núcleo. Assim, as cabanas ficam cheias. Cada núcleo tem seu próprio fogo. O chefe da cabana recebe um lugar no centro. Cada cabana tem geralmente três pequenas entradas, uma em cada extremidade e outra no meio. Ali são tão baixas que os selvagens precisam curvar-se ao entrar e sair. *Fig. 34*

Poucas aldeias contam mais de sete cabanas. Entre as cabanas deixam uma clareira, onde matam seus prisioneiros. Gostam de cercar as cabanas com uma fortificação, da seguinte forma: levantam ao redor das cabanas uma cerca de varapaus feita de troncos de palmeiras rachados. Fazem essa cerca, com aproximadamente uma braça e meia de altura, tão cerrada que nenhuma flecha pode passar por ela. Mas têm pequenos buracos a partir dos quais atiram para fora. Ao redor dessa cerca de varapaus levantam outra cerca, uma paliçada de estacas longas e grossas, mas não colocam as estacas tocando-se umas às outras, e sim apenas próximas o suficiente para que uma pessoa não consiga passar por elas. Entre alguns selvagens é costume enfiar as cabeças dos inimigos devorados sobre os sarrafos na entrada.

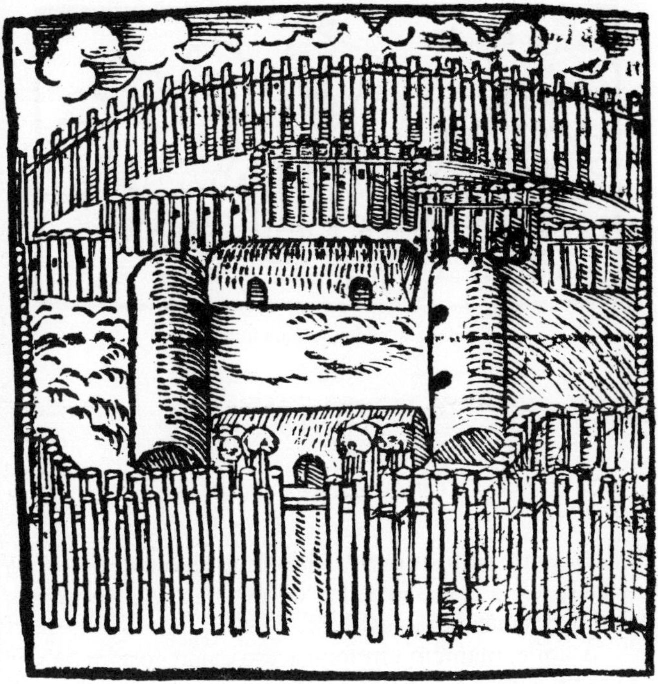

Fig. 34 Aldeia fortificada por estacas. Crânios de inimigos que foram comidos ornam a entrada.

Capítulo 6

Como fazem fogo

Eles têm um tipo de madeira que chamam de uraçu-iba. Secam-na, pegam dois pedaços da espessura de um dedo e friccionam um sobre o outro. Isso provoca pó, e o calor da fricção acende o pó. Com isso fazem fogo, como o mostra a ilustração. *Fig. 35*

Fig. 35 Acendendo uma fogueira.

Capítulo 7

Onde eles dormem

Eles dormem numas coisas, redes, que chamam de ini na língua deles, e que são feitas de algodão. Amarram-nas acima do chão em duas estacas.

À noite, mantêm um fogo aceso e não gostam de sair sem fogo de suas cabanas, no escuro, para fazerem suas necessidades. Isso por tanto temerem o diabo, que chamam de Anhangá e que frequentemente acreditam ver. *Fig. 36*

Fig. 36 Uma rede.

Capítulo 8

Com que destreza atiram com flechas em animais e peixes

Para onde quer que vão, seja para a floresta ou para a água, sempre têm consigo um arco e flechas. Quando andam na mata, mantêm o rosto levantado atentamente para cima em direção das árvores. Toda vez que percebem algum grande pássaro, macaco ou outro animal que fica nas árvores, vão atrás dele, esforçam-se para atirar nele e perseguem-no até conseguir pegá-lo. Raramente alguém que tenha ido à caça retorna para casa de mãos vazias.

Do mesmo modo perseguem os peixes no litoral. Têm a vista muito aguçada. Quando em algum lugar um peixe vem à superfície, atiram nele, e somente poucas flechas não atingem o alvo. Assim que um peixe é atingido, atiram-se à água e nadam atrás dele. Certos grandes peixes vão para o fundo quando sentem uma flecha dentro de si. Os selvagens mergulham, então, até cerca de seis braças de profundidade e trazem-nos para a superfície.

Além disso, eles têm pequenas redes. O fio com o qual tecem estas redes, retiram-no de longas folhas pontiagudas que chamam de tucum. Quando querem pescar com estas redes, juntam-se e formam um círculo na água rasa, de modo que todos tenham uma área para si. Alguns deles vão, então, para dentro do círculo e batem na água. Se um peixe quiser então fugir para o fundo, ele cai na rede. Quem pegar muitos peixes dá aos que ficaram com menos.

Com frequência, também vem gente que mora longe do mar e que pesca muitos peixes, torra-os no fogo, tritura-os, faz farinha e a seca bem para que se conserve bastante. Eles a levam para casa e a comem misturada com farinha de mandioca. Se levassem os peixes apenas torrados para casa, estes não se conservariam muito, visto que eles não os salgam. Além disso, cabe mais farinha de peixe num recipiente do que caberiam peixes torrados inteiros. *Fig. 37*

Fig. 37 Pesca.

Capítulo 9

Que estatura têm as pessoas

São pessoas bonitas de corpo e de estatura, tanto homens quanto mulheres, da mesma forma que as pessoas daqui, exceto que são bronzeadas pelo sol, pois andam todos nus, jovens e velhos, e também não trazem nada nas partes pubianas. Mas desfiguram-se eles mesmos com a pintura. Não têm barba, pois extraem os pelos da barba com a raiz tão logo lhes crescem. Fazem furos no lábio inferior, nas bochechas e nas orelhas e neles penduram pedras. É sua ornamentação. Também ornam-se com penas.

Capítulo 10

Como racham e cortam nos lugares onde não podem obter machados, facas, tesouras e objetos similares dos cristãos

Antigamente, antes da vinda de navios a suas terras, os selvagens usavam uma espécie de pedra preto-azulada para produzir cunhas, e em muitas regiões onde não são visitados por navios ainda o fazem hoje. Afiam a parte mais larga da pedra. Essas cunhas têm aproximadamente um palmo de comprimento, uma mão de largura e dois dedos de espessura; algumas são maiores, outras menores. Então pegam um pequeno bastão, curvam-no na parte superior ao redor da cunha e atam-no com embira.

As cunhas de ferro que os cristãos lhes dão em alguns lugares têm a mesma forma. Mas fixam a haste de outro jeito, na medida em que perfuram o bastão e enfiam a cunha no buraco. Isso, então, é o machado deles, que usam para rachar.

Também usam dentes de porcos selvagens, que afiam no meio até ficar cortante e amarram entre dois pedaços de madeira. Com isso, raspam suas flechas e arcos de forma tão redonda que parece terem sido torneados.

Finalmente, utilizam o dente de um animal chamado paca. Afiam-no na parte frontal, e, quando têm uma doença, fazem uma incisão com ele no lugar que estiver dolorido. O sangue jorra, e este é o método deles para drenar.

Capítulo 11

O que os selvagens comem como pão e como plantam e preparam as raízes de mandioca

Quando querem plantar, derrubam as árvores nos lugares que escolheram para o plantio e deixam-nas secar durante cerca de três meses. Então põem fogo nelas e as queimam. Depois enterram as mudas das plantas de raízes, que usam como pão, entre as cepas das árvores. Essa planta chama-se mandioca. É um arbusto que cresce até uma braça de altura e cria três raízes. Quando querem preparar as raízes, arrancam o arbusto, retiram as raízes e os galhos e enterram novamente pedaços do tronco. Estes, então, geram raízes e crescem em seis meses, o necessário para que se possa consumi-los.

Eles preparam a mandioca de três modos diferentes. Primeiro: trituram totalmente as raízes numa pedra, em pequenas migalhas, e as amassam para que o suco saia por meio de um tubo feito a partir das cascas das palmas e que chamam tipiti. Assim, a massa, que fazem então passar por uma peneira, fica seca. Com a farinha cozinham, então, bolos finos. O recipiente dentro do qual torram e cozem sua farinha é queimado a partir de barro e tem a forma de uma grande travessa.

Segundo: eles pegam as raízes frescas, as põem na água, deixam fermentar, tiram da água e deixam secar na fumaça em cima de um fogo. Chamam essas raízes secas de carimã. Conservam-se durante muito tempo. Quando os selvagens querem então usá-las, trituram-nas num almofariz de madeira. O pó fica branco como farinha de trigo. Disto fazem bolos que chamam de beijus.

Terceiro: pegam mandioca fermentada, mas não a secam. Misturam-na com mandioca seca e verde. Disso obtêm, após torrá-la, uma farinha que se pode conservar tranquilamente durante um ano. É igualmente boa de comer. Chamam isso de uiatán. *Fig. 38*

Fig. 38 A cruz em Ubatuba, com Hans Staden orando. Mulheres com filhos nas costas, na colheita da mandioca.

Também preparam um tipo de farinha de peixe e carne do seguinte modo: assam a carne ou o peixe sobre o fogo na fumaça, deixam que fique completamente seco, desfiam, torram mais uma vez sobre o fogo em um recipiente queimado para este fim e que chamam de inhêpoan, compactam-no então num almofariz de madeira e o transformam em farinha, fazendo-o passar por uma peneira. Isso se conserva durante muito tempo. O costume de salgar peixes e carnes lhes é desconhecido. Comem essa farinha junto com a farinha de mandioca, e o sabor é muito bom.

Capítulo 12

Como temperam seus alimentos

Há muitas tribos entre os selvagens que não comem sal. Das tribos onde estive prisioneiro, algumas comem sal; eles copiaram dos franceses, com quem fazem comércio. Contaram-me, por outro lado, como os Carajás, uma tribo vizinha que vive no interior, distante do mar, extraem o sal das palmeiras e o comem. No entanto, quem tem o hábito de comê-lo em grande quantidade não vive muito tempo. Eles o produzem da seguinte maneira – eu mesmo vi e ajudei a prepará-lo:

Eles abatem uma grande palmeira e a racham em pequenas lascas. Depois fazem uma armação de madeira seca, põem as lascas em cima e as queimam na madeira seca até virarem cinza. Das cinzas fazem uma barrela e a cozem. Alguma coisa, algo parecido com sal, se desprende então. Achei que era salitre, e o experimentei no fogo. Mas não era. Tinha gosto de sal e era de cor cinza.

A maioria dos povos, no entanto, não come sal.

Quando os selvagens cozinham peixe ou carne, normalmente acrescentam pimenta verde. Assim que está razoavelmente cozido, retiram a comida do caldo e fazem uma massa fina. Chama-se mingau. Bebem-no de abóboras que usam como vasilhas.

Quando preparam comida de peixe ou de carne que querem conservar durante algum tempo, colocam o peixe ou a carne sobre pequenos pedaços de madeira a uma altura de quatro palmos acima do fogo. Fazem um fogo de tamanho adequado embaixo e deixam a comida assar e defumar até ficar completamente seca. Se quiserem comer dela mais tarde, cozinham-na outra vez. Chamam essa comida de moquém.

Capítulo 13

Sobre o governo e as autoridades, e o que existe de ordem e de justiça

Entre os selvagens, não há um governo constituído e não há privilégios. Cada cabana tem um superior. Ele é o chefe. Todos os chefes são da mesma origem e têm o mesmo direito de dar ordens e governar. Disso cada um concluirá o que quiser. No caso de um deles se sobressair aos demais por atos de guerra, será mais seguido do que os outros numa campanha de guerra, como o antes mencionado Cunhambebe. Além disso, não evidenciei nenhum privilégio entre eles, exceto que os mais jovens devem obedecer aos mais velhos, de acordo com o que exigem os costumes deles.

Se alguém bater ou atirar em outra pessoa de forma a matá-la, os parentes e amigos do morto podem ficar dispostos a matá-lo por sua vez, mas isso raramente ocorre. Os moradores de cada cabana obedecem ao chefe de cada uma delas. O que o chefe ordenar será feito, não por obrigação ou por temor, mas unicamente por boa vontade.

Capítulo 14

Como queimam as panelas e os vasos que usam

As mulheres produzem os vasos que usam da seguinte maneira: pegam barro, amassam-no como se fosse massa e fazem disso os vasos de que necessitam. A seguir deixam-nos secar por algum tempo. Também costumam pintá-los com esmero. Quando querem queimar os vasos, posicionam-nos sobre pedras, colocam boa quantidade de cortiça seca em volta e atam fogo. Assim são queimados os vasos, que ficam incandescentes como ferro em brasa.

Capítulo 15

Como produzem bebidas, com as quais se embriagam, e como tratam o assunto

São as mulheres que preparam as bebidas. Usam raízes de mandioca e cozem-nas em grandes panelas. Quando está cozido, retiram a mandioca das panelas, despejam-na em outras panelas ou vasos e deixam que esfrie um pouco. A seguir, meninas sentam-se ao redor e a mastigam; colocam o mastigado num vaso especial. *Fig. 39*

Quando todas as raízes foram mastigadas, colocam o mastigado novamente na panela, despejam água por cima, misturam ambos, e deixam ficar quente de novo.

Então há vasos especiais que enterram pela metade dentro da terra e que usam como se usam por aqui barris para vinho e cerveja. Despejam a massa dentro e fecham-nos bem. Então a fermentação ocorre sozinha e a massa fica forte. Deixam-na em repouso durante dois dias. Depois bebem-na e se embriagam. É um líquido espesso e rico.

Cada cabana produz a sua própria bebida, e quando uma aldeia inteira quer festejar, o que normalmente ocorre uma vez por mês, vão todos primeiro para uma cabana, bebem tudo o que há nela, e assim por diante até terminarem a bebida de todas as moradias.

Sentam-se em torno dos vasos, dos quais bebem, alguns sobre lenha, outros no chão. As mulheres lhes servem a bebida, conforme exigem os seus costumes. Alguns levantam e cantam e dançam em torno dos vasos. No próprio lugar onde bebem, também soltam suas águas.

A bebedeira dura a noite toda. Dançam também entre as fogueiras, soltam berros e sopram em seus instrumentos e fazem uma gritaria medonha quando estão embriagados. Mas é raro que briguem. São muito solidários entre si; o que um tiver a mais de comida que o outro, lhe dá.

Fig. 39 Mulheres preparando as bebidas.

Capítulo 16

O que os homens usam como ornamento, como se pintam e que nomes têm

Raspam o cabelo no alto da cabeça, e em torno dela deixam uma coroa de cabelos como os monges. Perguntei-lhes frequentemente de onde vinha esse penteado, e diziam que seus antepassados o haviam visto num homem chamado Meire Humane e que havia feito vários milagres entre eles. Era considerado um profeta ou apóstolo.

Perguntei ainda como cortavam os cabelos antes de os navios lhes trazerem tesouras. Responderam que pegavam uma cunha de pedra, seguravam um outro objeto por baixo e batiam nele de forma a cortar os cabelos. O corte no meio da cabeça, faziam-no com a lasca de uma pedra apropriada para esse fim e que usavam sempre para cortar coisas.

Também preparam um ornamento com penas vermelhas. Chama-se acangatara e atam-no ao redor da cabeça.

No lábio inferior têm um grande buraco, e isto desde quando jovens. Fazem um pequeno buraco no lábio do menino com um pedaço pontiagudo de chifre de veado.

Dentro dele colocam uma pedrinha ou um pequeno pedaço de madeira e untam-no com seus unguentos. Quando os meninos crescem e atingem a idade guerreira, o buraco é aumentado. Então o jovem adulto coloca dentro uma grande pedra verde. A extremidade superior mais estreita fica para dentro, portanto dentro da boca, e a grossa fica de fora. Devido ao peso da pedra, a língua sempre pende para baixo. Trazem ainda uma pequena pedra em cada um dos dois lados da boca, nas bochechas. Todas as pedras são polidas no sentido do comprimento e da largura. Alguns têm cristais em vez de pedras comuns. Eles são finos, mas igualmente compridos. *Fig. 40*

Fazem um outro ornamento a partir das conchas de grandes caracóis marinhos que chamam de matapus. Tem

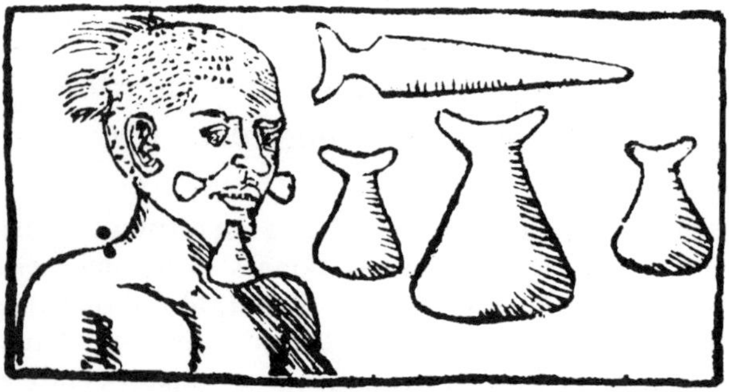

Fig. 40 Ornamentos de lábio e de bochechas.

a forma de uma meia-lua e é branco como a neve. Penduram-no no pescoço. Chama-se bojeci. Da casa dos caracóis marinhos fazem ainda pequenos ornamentos redondos que penduram em torno do pescoço. São tão espessos quanto um talo de trigo, e é muito trabalhoso confeccioná-los.

Também amarram conjuntos de penas nos braços e pintam-se de preto. Colam ao corpo, com uma substância que escorre das árvores, penas vermelhas e brancas, misturando as cores. Espalham a substância nos lugares que querem ornar e, depois, aplicam com força as penas, que ficam grudadas. Pintam, ainda, um braço de preto e o outro de vermelho. Fazem o mesmo com as pernas, e o tronco também é pintado.

Além disso, usam um ornamento de penas de ema. Trata-se de um grande objeto redondo que amarram sobre o traseiro quando vão à guerra contra seus inimigos ou quando estão festejando. Chama-se enduape. *Fig. 41*

Fig. 41 Enduape, um ornamento de penas de ema.

Tomam seus nomes de animais selvagens, e atribuem-se vários nomes, mas com uma diferença: depois do nascimento um nome é dado ao menino, que o portará apenas até quando estiver na idade guerreira e matar inimigos. Então receberá tantos nomes quantos inimigos tiver matado.

Capítulo 17

Quais são os adornos das mulheres

As mulheres pintam a parte inferior do rosto e o corpo da mesma forma que o fazem os homens. Mas deixam o cabelo ficar comprido, como as nossas mulheres. Além disso, não portam ornamentos. Apenas nas orelhas têm furos, e ali penduram ornamentos redondos, com um palmo de comprimento e uma polegada de espessura. Em sua língua chamam-nos de nambipai e os fazem a partir de caramujos do mar chamados matapus.

Tomam seus nomes de pássaros, peixes e frutas das árvores. Durante a infância têm apenas um nome, mas depois de adultas dão-se tantos nomes quantos prisioneiros seus maridos tiverem matado.

Quando uma mulher cata os piolhos de alguém, come-os. Perguntei várias vezes por que o faziam, e responderam que eram seus inimigos que estavam comendo algo da cabeça, e que queriam vingar-se deles.

Não há parteiras específicas. Quando uma mulher está prestes a dar à luz, auxilia-a quem estiver mais próximo, não importa se homem ou mulher.

Vi mulheres caminhando cerca de quatro dias depois do parto.

Levam seus filhos em panos de algodão que trazem às costas e fazem seu trabalho normalmente. Entrementes, as crianças dormem e estão satisfeitas, não importa quanto as mães se curvam e movimentam com elas.

Capítulo 18

Como dão o primeiro nome às crianças pequenas

A mulher de um dos selvagens que me fizeram prisioneiro teve um filho. Alguns dias mais tarde, o homem reuniu os vizinhos mais próximos de sua cabana e consultou-os sobre o nome que deveria dar à criança, que soasse corajoso e amedrontador. Propuseram vários nomes, mas nenhum lhe agradou. Ele disse que queria dar ao filho o nome de um dos quatro avôs, e disse ainda que os filhos que portassem os nomes dos ancestrais prosperariam e teriam sucesso na captura de escravos. Nomeou os quatro avôs: o primeiro chamava-se Kirima, o segundo, Eíramitã, o terceiro, Coema, e não se lembrava do quarto. Quando falou de Coema, pensei que deveria ser Cham ou Ham – mas Coema significa na língua deles "a manhã" – e aconselhei-o a dar este nome, pois certamente tinha sido um de seus antepassados. A criança recebeu um dos nomes.

Assim dão nomes aos seus filhos, sem batizado nem circuncisão.

Capítulo 19

Quantas mulheres têm um homem e como se relaciona com elas

A maioria dos homens tem apenas uma mulher, mas alguns têm mais, e alguns dos chefes têm treze ou quatorze. O chefe Abati-poçanga, a quem fui presenteado por último e de quem os franceses compraram minha liberdade, possuía muitas mulheres, e uma, que tinha sido a primeira, era a chefe entre elas. Cada uma tinha seu próprio espaço na cabana, um fogo próprio e seus próprios pés de mandioca. Ele ficava no apartado daquela com quem estivesse em determinado momento, e ela lhe dava de comer. E assim por diante.

Os filhos que eles têm, quando crescem e ficam rapazes, vão para a caça. Toda criança entrega tudo o que traz da caça para a mãe. Ela então cozinha a caça e a divide com os outros.

As mulheres se entendem bem entre si. Entre os selvagens é comum que um homem dê a um outro sua mulher de presente, quando se cansa dela. Também acontece de um homem dar de presente a outro homem uma filha ou irmã.

Capítulo 20

Como noivam

Eles noivam suas filhas quando ainda jovens. Quando elas crescem e atingem a puberdade, cortam-lhes os cabelos, fazem-lhes incisões com determinadas formas nas costas e atam-lhes alguns dentes de animais selvagens em torno do pescoço. Quando o cabelo volta a crescer e os ferimentos nas costas cicatrizam, ainda se pode ver o desenho das incisões, pois eles colocam alguma coisa nas feridas que as faz ficarem pretas depois de cicatrizar. Consideram isso um sinal de honra. Após o término de tais cerimônias, entregam a moça a quem ficará com ela, sem outra espécie de festividade. Homem e mulher comportam-se com discrição e fazem suas coisas reservadamente.

Também observei como um chefe ia de manhãzinha de uma cabana para outra e arranhava as crianças nas pernas para torná-las férteis, de modo que os pais pudessem ameaçá-las quando estivessem mal-educadas: "Ele vem de novo!". Assim pretendiam fazer as crianças ficarem quietas.

Capítulo 21

Quais são os seus bens

Entre eles não há comércio, e também não conhecem o dinheiro. Suas preciosidades são penas de pássaro. Quem tem muitas é considerado rico, e aquele que tiver belas pedras para os lábios e as bochechas está entre os mais ricos. Cada família tem sua própria plantação de mandioca para a alimentação.

Capítulo 22

Qual a maior honra

Para um homem, a honra máxima é capturar muitos inimigos e abatê-los, o que entre eles é muito comum. Ele tem tantos nomes quantos inimigos tiver matado, e os mais nobres entre eles são os que têm muitos nomes.

Capítulo 23

No que acreditam

Os selvagens acreditam numa coisa que cresce de forma parecida a uma abóbora. É grande como uma panela de meia pinta e oca por dentro. Eles enfiam um bastão através dela, recortam um buraco com a forma de uma boca e colocam pequenas pedras em seu interior, de modo a fazer um chocalho. Com isso fazem barulho quando cantam e dançam. Dão-lhe o nome de maracá. Cada homem tem o

Fig. 42 Maracá e recipientes de barro.

seu próprio maracá. A aparência dele é como o ilustrado pela figura a seguir. *Fig. 42*

Há algumas pessoas entre eles a que chamam de pajés. Eles são ouvidos como aqui se ouvem os adivinhos. Percorrem o território uma vez ao ano, vão de cabana em cabana e anunciam que um espírito vindo de muito longe esteve com eles e lhes delegou poder, que todos os chocalhos – os maracás – poderiam falar e receber poder; se eles, os pajés, pedirem, essas coisas lhes serão concedidas. Cada qual então faria o voto de que seu chocalho recebesse poder. Preparam uma grande festa, bebem, cantam e fazem adivinhações, e se entregam a diversos usos estranhos.

Depois os feiticeiros escolhem uma data. Uma cabana, na qual não podem ficar mulheres e crianças, é esvaziada. Os adivinhos então ordenam que cada um pinte seu maracá de vermelho, o orne com penas e se aproxime. Então querem dar poder aos chocalhos, para que possam falar.

Quando vêm para a cabana, os feiticeiros sentam-se no lugar nobre e fincam os maracás ao lado de si, no chão. Os demais também fincam os seus, junto aos dos feiticeiros, e cada um dos selvagens dá aos feiticeiros um presente, flechas, penas ou coisas que penduram nas orelhas, para que seu maracá não seja esquecido. Quando estão todos reunidos, o adivinho pega os maracás um a um e lhes aplica uma erva a que chamam de pitim. Então ele segura o chocalho bem próximo à boca, agita-o e lhe diz: "Né cora", agora fale e faça-se ouvir quando estiver aqui dentro. A seguir fala em voz alta e rapidamente uma palavra de modo que não se pode reconhecer direito se é ele ou o chocalho que emite o som. As pessoas acreditam que é o chocalho, mas é o feiticeiro mesmo quem fala. Assim ele faz com todos os chocalhos, um depois do outro, e todos os selvagens pensam que seu chocalho tem grande poder. Então os feiticeiros ordenam que vão à guerra e capturem prisioneiros, pois os espíritos que habitam os maracás se deleitam comendo carne de escravos. Depois disso partem para a guerra.

Quando o pajé, o feiticeiro, finalmente transforma em deus todos os chocalhos, cada um pega o seu, chama-o de "querido filho", faz para ele uma pequena barraca na qual o coloca, estende-lhe comida e pede-lhe tudo de que necessita, exatamente como pedimos ao verdadeiro Deus. Agora esses são os seus deuses.

Quanto ao verdadeiro Deus, que criou o céu e a terra, eles não dão atenção. Eles creem, de acordo com tradições antigas, que o céu e a terra sempre existiram. Tampouco sabem qualquer coisa sobre o início do mundo, apenas contam que certa vez houve um grande mar onde todos os antepassados se afogaram. Somente alguns deles teriam se salvado numa grande barca e outros em grandes árvores. Penso que devia se tratar do dilúvio.

No início, quando cheguei entre eles e me falaram dos maracás, pensei que talvez fosse uma ilusão do diabo. Pois me contaram várias vezes como essas coisas falavam. Quando, depois, fui à cabana onde estavam os adivinhos que deviam fazer os maracás falar, todos tiveram de sentar-se. Mas eu saí da cabana quando reconheci a fraude e pensei comigo mesmo: que gente tola e iludida.

Capítulo 24

Como transformam suas mulheres em feiticeiras

Primeiro, os selvagens vão para uma cabana, pegam todas as mulheres da cabana e aplicam-lhes fumaça. Depois a mulher precisa gritar, pular e dar voltas até que fica tão exausta que cai ao chão como se estivesse morta. Então o feiticeiro diz: "Vejam, agora ela está morta. Logo a farei viver novamente". Quando ela volta a si, ele diz que doravante está apta a adivinhar coisas futuras, e quando vão guerrear, as mulheres devem fazer adivinhações sobre a guerra. Eles têm muitos desses costumes.

A mulher do meu senhor, a quem eu fui presenteado para que me matasse, começou certa noite a fazer profecias e contou ao seu marido que um espírito de uma terra distante tinha baixado nela. Ele queria saber dela quando eu seria morto e perguntou onde estava a maça com a qual eu seria golpeado. Meu senhor respondeu à mulher que não tardaria mais e que tudo estava pronto. A única coisa é que lhe parecia que eu não era português, e sim francês.

Quando a mulher terminou suas profecias, perguntei-lhe por que ele queria tanto a minha vida, embora eu não fosse nenhum inimigo; se ela não temia que o meu Deus pudesse enviar-lhe uma praga. Ela respondeu que eu não devia me preocupar com isso, pois eram espíritos estranhos que queriam saber sobre o meu destino.

Capítulo 25

Como se deslocam nas águas

Existe lá um tipo de árvore a que chamam de Igá-ibira. As cascas dessa árvore desprendem-se de cima até embaixo num único pedaço, e, para tanto, eles erigem uma proteção especial em torno da árvore, de forma a que se desprenda inteira. Em seguida pegam a casca e levam-na da montanha até o mar. Aquecem-na com fogo e curvam-na para cima na frente e atrás, mas antes disso amarram no centro pedaços de madeira no sentido transversal, para que não se deforme. Assim fazem canoas em que até trinta deles podem ir à guerra. As cascas têm uma polegada de espessura, cerca de quatro pés de largura e quarenta de comprimento. Remam com essas canoas rapidamente e viajam até onde quiserem. Quando o mar está revolto, puxam as canoas para a praia até que o tempo volte a ficar bom. Não vão mais do que duas milhas mar adentro, mas viajam por longas distâncias ao longo da costa.

Capítulo 26

Por que comem seus inimigos

Não fazem isto para saciar sua fome, mas por hostilidade e muito ódio, e, quando estão guerreando uns contra os outros, gritam cheios de ódio: debe marã pá, xe remiu ram begué, sobre você abata-se toda desgraça, você será minha comida. Nde akanga juká aipotá kurine, eu ainda quero esmagar a sua cabeça hoje. Xe anama poepika re xe aju, estou aqui para vingar em você a morte do meu amigo. Nde roó, xe mokaen serã kuarasy ar eyma riré etc., sua carne será, ainda hoje, antes que o sol se ponha, o meu assado. Tudo isso, fazem-no por grande inimizade.

Capítulo 27

Como fazem planos quando querem empreender uma expedição guerreira em território inimigo

Quando querem empreender uma expedição guerreira no território do inimigo, os chefes reúnem-se e discutem como isto deve ser feito. Informam os homens em todas as cabanas para que se armem e, nessa ocasião, mencionam uma espécie de fruta de uma árvore; partem quando a fruta amadurece, pois não conhecem nem os anos nem os dias. Para a partida também orientam-se de acordo com a desova de um tipo de peixe que em sua língua chamam de pirati. O período da desova chamam de piracema.

Para essa época preparam barcos e flechas e farinha grossa de mandioca, que chamam de uiatán e usam como alimentação. Depois consultam os pajés, os feiticeiros, para saber se irão vencer. Eles dizem que sim, mas mandam que atentem para os sonhos nos quais sonham com os inimigos. Se a maior parte sonha que vê a carne de seus inimigos assando, isso significa vitória. Mas se veem a sua própria carne assando, isso não significa nada de bom, e então devem ficar em casa.

Mas, quando os sonhos lhes agradam, armam-se, realizam em todas as cabanas grandes festas, bebem e dançam com seus ícones, os maracás, e cada um deles pede ao seu ícone que o ajude a capturar um inimigo.

Então começam a expedição. Quando chegam perto das terras do inimigo, na noite anterior ao dia do ataque contra a área inimiga, os chefes ordenam que todos prestem atenção aos sonhos que tiverem durante a noite.

Participei de uma expedição guerreira na companhia deles. Quando chegamos perto do território inimigo, na noite anterior à da invasão, o chefe percorreu o acampamento e disse a todos que prestassem muita atenção aos sonhos que lhes viessem à noite. Além disso, ordenou aos jovens que caçassem e pescassem ao amanhecer. O que fizeram, e o chefe mandou que preparassem o que caçaram. Então chamou os outros chefes para que viessem à frente de sua cabana. Sentaram-se todos em círculos no chão. Fez com que lhes servissem comida. Quando terminaram de comer, contaram os sonhos, pelo menos os que lhes agradaram. Depois dançaram de alegria com os maracás.

Observam as cabanas de seus inimigos à noite. O ataque ocorre nas primeiras horas da manhã, com o clarear do dia. Se capturam alguém que esteja gravemente ferido, o matam na hora e levam sua carne assada para casa. Levam vivos para casa e matam em suas aldeias os que não foram feridos ou os que ficaram levemente feridos.

Atacam em meio a uma grande gritaria, martelam o solo com os pés e sopram em instrumentos feitos a partir de abóboras. Todos levam cordas para amarrar os inimigos.

Ornam-se com penas vermelhas como sinal de identificação em relação aos adversários. Atiram rapidamente e usam flechas incendiárias contra as cabanas de seus inimigos, com o intuito de queimá-las. Quando um deles está ferido, empregam ervas especiais para curá-lo.

Capítulo 28

Sobre as armas de guerra dos selvagens

Eles possuem arcos. As pontas das flechas são de ossos, que eles afiam e amarram à haste, ou ainda de dentes de peixe. Chamam a esses peixes de tubarão; são cações que apanham no mar. Também usam algodão, misturam-no com cera, amarram-no na parte superior da flecha e põem fogo. São as flechas incendiárias. Preparam, ainda, escudos com casca de árvores e peles de animais selvagens. Enterram espinhas pontiagudas, como as armadilhas para os pés que usamos em nossas terras.

Ouvi deles, embora não o tenha visto pessoalmente, que usam pimenta, que cresce em abundância entre eles, para desalojar os inimigos de suas fortificações. Isso ocorre da seguinte maneira: quando o vento sopra, fazem uma grande fogueira e jogam um monte de pés de pimenta. Se a fumaça atinge as cabanas, os inimigos têm de sair. Assim eles relatam, e eu acredito, pois estive, certa vez, como já foi narrado, com os portugueses numa província da terra que se chama Pernambuco. Lá ficamos no seco com um navio num braço do mar, pois perdemos a maré alta, e apareceram muitos selvagens que queriam nos fazer prisioneiros, mas não tiveram êxito. Jogaram muitos arbustos secos entre o navio e a margem e esperavam expulsar-nos com a fumaça da pimenta, mas não conseguiram pôr fogo nos arbustos.

Capítulo 29

Os costumes festivos dos selvagens ao matar e comer seus inimigos. Com o que matam a golpes os inimigos e como tratam-nos

Quando trazem para casa um inimigo, os primeiros a bater nele são as mulheres e as crianças. Depois colam nele penas cinzas, raspam-lhe as sobrancelhas, dançam em volta dele e atam-no direito, de forma a não poder fugir. Depois dão-lhe uma mulher, que o alimenta e também se entretém com ele. Se ela recebe um filho dele, criam-no até que fique grande e depois, quando lhes vem à mente, matam-no. *Fig. 43*

Alimentam bem o prisioneiro. Mantêm-no assim durante algum tempo e preparam-se para a festa. Nessa ocasião produzem boa quantidade de vasos nos quais colocam sua bebida, e queimam também recipientes especiais para as coisas com as quais o pintam e enfeitam. Confeccionam, ainda, ramos de penas e os amarram à maça com a qual o matam.

Fig. 43 Hans Staden ao centro, depois da chegada em Ubatuba.

Fazem também uma grande corda, que chamam de muçurana. Com essa corda amarram-no antes de matá-lo. *Fig. 44*

Ao juntarem todas as coisas, decidem o momento em que o prisioneiro deverá morrer e convidam os selvagens de outras aldeias para que os visitem. Enchem, então, todos os vasos de bebida. Um ou dois dias antes de as mulheres prepararem as bebidas, levam o prisioneiro uma ou duas vezes para o descampado entre as cabanas e dançam em torno dele.

Assim que todos os que vieram de fora estiverem reunidos, o chefe da cabana lhes dá as boas-vindas e diz: “Agora venham e ajudem a comer o vosso inimigo”. Um dia antes de começarem a beber, amarram a muçurana ao redor do pescoço dele e pintam a ibira-pema com a qual o

Fig. 44 Dança das mulheres ao redor de Hans Staden, em Ubatuba.

matarão. O desenho ao lado mostra como é a maça. Ela tem mais de uma braça de comprimento. Os selvagens untam-na com um material colante. Depois pegam cascas de ovo, de cor cinza e pertencentes a uma ave chamada macaguá; raspam-nas até virarem pó e passam este na maça. A seguir uma mulher se senta e desenha algo no pó de casca de ovo que foi aplicado. Enquanto ela pinta, muitas mulheres ficam em volta e cantam. Quando finalmente a ibira-pema está decorada com ramos de penas e outras coisas, então ela é pendurada num travessão dentro de uma cabana desocupada. Os selvagens, então, passam a noite inteira cantando em torno da maça. Da mesma forma pintam o rosto do prisioneiro. Os demais continuam a cantar mesmo quando a mulher o está pintando. *Figs. 45/46*

Quando começam a beber, fazem vir o prisioneiro. Este tem de beber com os selvagens. Eles conversam com ele. Quando terminam de beber, descansam no dia seguinte e constroem para o prisioneiro uma pequena barraca no lugar onde deverá morrer. Este passa a noite deitado nela, sob severa vigilância.

De madrugada, bem antes do amanhecer, eles vêm e dançam e cantam ao redor da maça com a qual deverão matá-lo, até o raiar do dia. Tiram, então, o prisioneiro da barraca, desmontam-na e abrem uma clareira. Soltam a muçurana de seu pescoço e passam-na em volta do corpo e depois puxam-na com força, dos dois lados. Ele agora fica amarrado no centro. Muitas pessoas puxam a corda de ambos os lados. Deixam-no assim por algum tempo e põem à frente dele pequenas pedras, para que possa atirá-las contra as mulheres que andam em torno dele e lhe dizem, de forma ameaçadora, como querem comê-lo. As mulheres estão pintadas e, depois de ele ter sido esquartejado, devem andar em volta das cabanas com os quatro primeiros pedaços. Isso para grande regozijo dos remanescentes. *Figs. 47/48/49*

Agora fazem uma fogueira, a uma distância de cerca de dois passos do escravo, para que ele seja forçado a ver sua mulher, que vem correndo com a maça, a ibira-pema, ergue os ramos de penas, grita de contentamento e passa em frente do prisioneiro, para que a veja. Neste momento um homem pega a maça, põe-se em frente ao prisioneiro e a mostra, de forma a que tenha de vê-la. Nesse entretempo, aquele que deverá

Fig.45 Corda que chamam de muçurana, ao lado de uma ibira-pema.

Fig. 46 A carne é assada.

matá-lo afasta-se com outros treze ou quatorze, e pintam o corpo com cinzas. Quando ele volta com os outros algozes para a clareira onde está o prisioneiro, aquele que está à frente do prisioneiro entrega-lhe a maça, e o chefe da cabana chega, pega a maça e passa-a uma vez entre as pernas dele. Isso, para eles, constitui uma honra. A seguir, aquele que o matará volta a pegar a maça e diz: "Sim, estou aqui, quero matá-lo porque a sua gente também matou e comeu muitos dos nossos". O prisioneiro lhe responde: "Tenho muitos amigos que saberão me vingar quando eu morrer". Nisto, o algoz golpeia o prisioneiro na nuca, de forma que lhe jorre o cérebro. Imediatamente as mulheres pegam o morto, arrastam-no para cima da fogueira, arrancam toda

Fig. 47 Ritual em que pintam a ibira-pema e o rosto do prisioneiro.

a sua pele, deixam-no inteiramente branco e tapam seu traseiro para que nada lhe escape. *Fig. 50*

Depois que a pele foi limpa, um homem o segura e lhe corta as pernas acima dos joelhos e os braços rente ao tronco. Aproximam-se, então, as quatro mulheres, pegam os quatro pedaços, andam ao redor das cabanas e fazem uma grande gritaria de contentamento. A seguir separam as costas junto com o traseiro da parte dianteira. Dividem tudo entre si. As vísceras ficam com as mulheres. Fervem-nas, e com o caldo fazem uma massa fina chamada mingau, que elas e as crianças sorvem. As mulheres comem as vísceras, da mesma forma que a carne da cabeça. O cérebro, a língua e o que mais as crianças puderem apreciar, elas

Fig. 48 Dança em volta da ibira-pema que será usada para matar o prisioneiro.

comem. Quando tudo tiver sido dividido, voltam para casa, e cada um leva seu pedaço. *Figs. 51/52/53*

Aquele que matou o prisioneiro atribui-se mais um nome, e o chefe da cabana lhe faz uma incisão com o dente de um animal selvagem na parte superior dos braços. Quando a ferida está curada, veem-se as cicatrizes, e elas têm o valor de uma honrosa ornamentação. Durante estes dias o homem fica deitado na rede. Dão-lhe um pequeno arco com uma flecha, com o que deve fazer passar o tempo,

Fig. 49 Outros preparativos para a morte do prisioneiro.

e ele atira sobre um alvo de cera. Isso ocorre para que os braços não lhe fiquem trêmulos por causa do espanto com o golpe mortal.

Tudo isso eu vi, e estive presente.

Os selvagens não sabem contar além de cinco. Quando querem contar além, mostram os dedos das mãos e dos pés, e quando falam de um número grande, apontam para quatro ou cinco pessoas e querem dizer o número dos seus dedos das mãos e dos pés.

Fig. 50 O golpe mortal.

Fig. 51 A cabeça é preparada para ser comida.

Fig. 52 Mulheres e crianças comem mingau de vísceras.

Fig. 53 O corpo é despedaçado.

Relatório sobre alguns animais daquela terra

Capítulo 30

Veados, porcos selvagens e macacos

Naquela terra existem veados como entre nós em Hessen e dois tipos de porcos selvagens, dos quais uma espécie corresponde ao nosso porco selvagem e a outra tem a aparência de um jovem leitão. Estes últimos chamam-se tanhaçutatu e são muito difíceis de apanhar nas armadilhas que os nativos usam para pegar animais.

Ali também existem três espécies de macacos. O primeiro tipo chama-se cai. Alguns desses macacos são trazidos até nosso país. O segundo chamam de acacai. Esses normalmente ficam pulando em grandes grupos nas árvores e fazem uma enorme gritaria na floresta. E há ainda um terceiro tipo, o buriqui. Estes são vermelhos, têm barba como os bodes e são do tamanho de um cachorro médio.

Capítulo 31

O tatu

Uma espécie de animal chama-se tatu. O tatu mede cerca de um palmo de altura e um palmo e meio de comprimento. Ele é encouraçado no corpo inteiro, exceto na barriga. A

Fig. 54 O tatu.

couraça é como um chifre, e fecha sobrepondo suas partes, como uma armadura. Tem um focinho pontudo e uma longa cauda e gosta de ficar sobre rochedos. Sua alimentação são as formigas. Tem carne gordurosa. Comi dela com frequência. *Fig. 54*

Capítulo 32

Saruês, tigres, leões, capivaras e lagartos

Uma outra espécie selvagem chama-se saruê. Este animal é do tamanho de um gato, tem pelo branco-acinzentado ou preto-acinzentado e uma cauda também como de um gato. Quando dá à luz, nascem cerca de seis filhotes. Na barriga há uma fenda, com aproximadamente meio palmo de comprimento, em cujo interior há mais uma pele, visto que a barriga não é aberta. Dentro desta fenda estão os mamilos. Para onde vai, a mãe leva os filhotes consigo entre as duas peles. Muitas vezes ajudei a capturar saruês e tirei os filhotes da fenda. *Fig. 55*

Há também naquelas terras muitos tigres que despedaçam gente e causam grandes danos, e ainda um tipo de

Fig. 55 O saruê ou gambá.

leão, a que chamam de leopardo, que significa algo como leão cinza, e muitos outros animais estranhos.

Um animal chamado capivara vive na terra e na água. As capivaras comem o junco que fica nas margens, onde há água doce. Quando temem alguma coisa, fogem para a água e vão para o fundo. São maiores que um carneiro e têm uma cabeça parecida com a de uma lebre, embora maior, mas com orelhas pequenas, uma cauda curta e pernas bastante longas. O pelo é preto-acinzentado. Têm três dedos nos pés e em terra vão rapidamente de um lugar com água para outro. A carne tem sabor de carne de porco.

Um tipo de grande lagarto vive ali na água e em terra. São bons de comer.

Capítulo 33

Sobre um tipo de inseto, parecido com pequenas pulgas, chamado de tunga pelos selvagens

Há ali pequenos insetos parecidos com pulgas, mas um pouco menores e que chamam de tunga na língua dos selvagens. Surgem nas cabanas devido à sujeira das pessoas e grudam nos pés. Apenas coçam quando penetram na carne, e comem a carne sem que se possa especialmente senti-los. Quando não se presta atenção e não são logo extraídos, formam um nicho arredondado como uma ervilha. Quando se percebe e logo se tira o animalzinho, fica um pequeno buraco na carne, do tamanho de uma ervilha. Quando cheguei a essa terra com os espanhóis, não tardou muito para eu ver como os insetos deixaram em horrível estado os pés de alguns de nossos camaradas que não lhes deram atenção.

Capítulo 34

Sobre um tipo de morcego daquela terra que durante a noite morde as pessoas nos dedões e na testa enquanto dormem

Os morcegos são maiores que os que temos aqui na Alemanha. Voam à noite nas cabanas e nas redes onde as pessoas dormem. Quando percebem que alguém dorme e não se defende, voam em direção aos pés, mordem e enchem a boca de sangue, ou ainda mordem na testa e depois vão embora. Quando estive entre os selvagens, muitas vezes arrancaram-me pedaços dos dedões. Quando acordava, via o dedão sangrando. Mas normalmente mordem os selvagens na testa.

Capítulo 35

Sobre as abelhas daquela terra

Há três tipos de abelhas naquela terra. As primeiras são quase iguais às de nossa terra. As outras são pretas e do tamanho de moscas, e as terceiras são pequenas como os mosquitos.

Todas essas abelhas deixam seu mel em árvores ocas. Frequentemente recolhi mel dos três tipos de abelhas, e de forma geral achamos o mel das menores melhor que o das outras. Também não picam tanto quanto as daqui. Muitas vezes vi como as abelhas grudam nos selvagens quando estes colhem o mel e estão ocupados demais para arrancá-las de seu corpo. Eu mesmo colhi mel nu, e a primeira vez tive de correr para a água mais próxima, sob fortes dores, e ali lavar-me para me livrar das abelhas.

Capítulo 36

Sobre os pássaros da terra

Também muitos pássaros estranhos vivem ali. Uma espécie, o guará piranga, busca sua alimentação no mar e faz seu ninho nos arrecifes perto da costa. Eles são do tamanho de uma galinha, têm um bico alongado e grandes pernas como as garças, embora menos longas. O guará piranga tem uma particularidade: as primeiras penas que nascem nos filhotes são de cor cinza clara. Quando atingem a idade de voar, ficam de cor cinza escura. Depois mudam de cor e o pássaro inteiro fica tão vermelho quanto é possível ser vermelho. E assim permanece. Suas penas são muito apreciadas pelos selvagens.

Relatório sobre algumas árvores da terra

Capítulo 37

A árvore de jenipapo

Numa árvore que os selvagens chamam de jenipapo ivá, cresce uma fruta que tem certa semelhança com a maçã. Os selvagens mascam essa fruta e espremem o suco dentro de um vaso. Com ele é que se pintam. Quando esfregam o suco sobre a pele, no início parece água. Mas depois de algum tempo a pele fica tão preta como se fosse tinta. Isso perdura até o nono dia. Depois a cor desaparece, mas não antes desse prazo, mesmo quando eles se lavam muitas vezes.

Capítulo 38

Como crescem o algodão e a pimenta brasileira, e algumas raízes que os selvagens plantam para comer

O algodão cresce em arbustos que têm cerca de uma braça de altura e muitos galhos. Depois da floração o arbusto ganha cápsulas. Elas se abrem quando amadurecem. O algodão fica então nas cápsulas em torno de pequenas sementes pretas. Essas são as sementes que se empregam para o plantio. Os arbustos ficam cheios de tais cápsulas.

Há dois tipos de pimenta na terra. Uma delas é amarela, a outra vermelha. Ambas, no entanto, crescem da mesma forma. Quando estão verdes, são do tamanho da roseira brava que cresce nos espinheiros. A planta da pimenta é um pequeno arbusto, com cerca de meia braça de altura. Ela tem folhas pequenas e está cheia de pimentas dependuradas. A pimenta tem gosto ardido. Os selvagens colhem-na quando está madura, e deixam-na secar ao sol. Secam da mesma forma o outro tipo de pimenta, pequena e muito parecida com a primeira.

Também há raízes que se chamam jetica e têm ótimo sabor. Quando os selvagens querem plantá-la, cortam as raízes em pequenos pedaços e as enterram. Essas então crescem e as plantas se espalham pelo chão como a ramagem do lúpulo e espalham muitas raízes.

POSFÁCIO

Hans Staden deseja ao leitor a misericórdia e a paz de Deus

Caro leitor! Descrevi tão brevemente minhas viagens terrestres e marítimas, pois apenas quis narrar o início delas, quando estive em poder do povo selvagem e cruel. Quis mostrar como o Salvador de todos os males, Nosso Senhor e Deus, com seus poderes libertou-me, sem que eu pudesse esperá-lo, do domínio dos selvagens. Cada qual deve ouvir como Deus todo-poderoso protege e conduz seus cristãos detentores de fé, como desde sempre o fez. Todos deverão ser gratos a Deus e confiar nele nos tempos de desgraça. Pois Deus ele mesmo diz: clama por mim na desgraça, que virei salvar-te, e terás de me louvar.

Agora, alguém poderá dizer que eu deveria mandar imprimir tudo o que me foi dado conhecer e ver. Mas então eu teria de escrever um livro muito grande. É verdade que teria muito ainda a escrever, se quisesse fazê-lo, mas meu intuito não chega a tanto. Tive a oportunidade de realçar repetidas vezes os pensamentos que me fizeram escrever este pequeno livro, isto é, quanto louvor e gratidão devemos a Deus, que nos protegeu desde a hora do nascimento, dos primeiros momentos de nossa vida até agora. Possa, ainda, alguém imaginar que o conteúdo deste pequeno livro pareça estranho. Mas a quem se pode culpar? Ademais, não sou o primeiro nem serei o último a conhecer tais viagens, terras e povos. Os que o fizeram antes de mim não passaram por suas experiências rindo, e assim será no futuro. Mas que aqueles que arriscam a vida e sempre estão enfrentando a morte tenham o mesmo estado de espírito que aqueles que ficam ao longe e assistem, ou que ouvem os relatos, isso ninguém aceitará. E se todos os que partirem para a América levarem em conta que cairão nas mãos dos cruéis inimigos, o que os levará para aquelas terras? Mas, com certeza, muitos homens honrados em Castela, Portugal, França ou ainda em Antuérpia, no Brabante, que estiveram na América, poderão testemunhar que as coisas foram assim como as descrevi. Perante aqueles que não conhecem essas terras estrangeiras, recorro a essas testemunhas, e antes de tudo a Deus.

Fiz minha primeira viagem à América num navio português cujo capitão chamava-se Penteado. Éramos três alemães a bordo. Um deles era de Bremen e chamava-se Heinrich Brant, o segundo chamava-se Hans e era de Bruchhausen, e o terceiro era eu.

Fiz minha segunda viagem de Sevilha, na Espanha, para o Rio da Prata, uma província situada na América. O capitão do navio era Don Diego de Sanabria. Eu era o único alemão presente. Depois de muito esforço, dificuldades e perigos no mar e na terra, que duraram nesta última viagem, como relatei, dois anos, acabamos naufragando em São Vicente, uma ilha bem próxima à terra firme brasileira e habitada por portugueses. Lá encontrei um conterrâneo, um dos filhos do falecido Eobanus Hessus, que me recebeu corretamente. Além disso, comerciantes de Antuérpia, que portavam o nome de Schetz, tinham ali um representante ou feitor de nome Peter Rösel. Ambos poderão testemunhar como cheguei ali e como fui capturado pelos cruéis inimigos.

No mais, os homens do mar que me resgataram dos selvagens eram da Normandia, na França. O capitão do navio era de Vatteville e chamava-se Guilherme de Moner, o piloto era de Honfleur e chamava-se François de Schantz, e o intérprete chamava-se Perot, também de Honfleur. Essas excelentes pessoas – Deus os recompense com graça eterna! – me ajudaram, depois de Deus, na França. Auxiliaram-me a obter um passaporte, vestiram-me e deram dinheiro para a viagem. Elas podem testemunhar sobre o lugar onde me acharam.

Depois parti de Dieppe, na França, a bordo de um navio e cheguei a Londres, na Inglaterra. Lá os correspondentes da bolsa holandesa souberam o que ocorrera comigo, por meio do capitão do navio com o qual fui até lá. Convidaram-me como hóspede e me agraciaram com dinheiro para a viagem. A seguir embarquei para a Alemanha.

Em Antuérpia fui à casa Von Oka encontrar um comerciante de nome Jasper Schetz, patrão do feitor Peter Rösel, de São Vicente. Levei-lhe a notícia de como os franceses atacaram o navio de seu feitor no Rio de Janeiro e como foram rechaçados. O comerciante presenteou-me com dois ducados imperiais como dinheiro para a viagem. Queira Deus recompensá-lo.

Se houver um jovem homem para quem minha descrição e essas testemunhas não bastarem, então que empreenda ele mesmo com a ajuda de Deus esta viagem e as suas dúvidas se desvanecerão. Ter-lhe-ei fornecido informações suficientes neste livro. Que siga o rastro. Para quem tiver a ajuda de Deus o mundo não está fechado.

Deus todo-poderoso que é tudo na terra
Seja louvado, honrado e glorificado para todo o sempre.
Amém.

Impresso em Marburgo em papel
quadrifólio a cargo de Andres Kolben
na terça-feira de carnaval de 1557.

Hans Staden

Coleção L&PM POCKET

400.**Dom Quixote** – (v. 1) – Miguel de Cervantes
401.**Dom Quixote** – (v. 2) – Miguel de Cervantes
402.**Sozinho no Pólo Norte** – Thomaz Brandolin
404.**Delta de Vênus** – Anaïs Nin
405.**O melhor de Hagar 2** – Dik Browne
406.**É grave Doutor?** – Nani
407.**Orai pornô** – Nani
412.**Três contos** – Gustave Flaubert
413.**De ratos e homens** – John Steinbeck
414.**Lazarilho de Tormes** – Anônimo do séc. XVI
415.**Triângulo das águas** – Caio Fernando Abreu
416.**100 receitas de carnes** – Sílvio Lancellotti
417.**Histórias de robôs:** vol. 1 – org. Isaac Asimov
418.**Histórias de robôs:** vol. 2 – org. Isaac Asimov
419.**Histórias de robôs:** vol. 3 – org. Isaac Asimov
423.**Um amigo de Kafka** – Isaac Singer
424.**As alegres matronas de Windsor** – Shakespeare
425.**Amor e exílio** – Isaac Bashevis Singer
426.**Use & abuse do seu signo** – Marília Fiorillo e Marylou Simonsen
427.**Pigmaleão** – Bernard Shaw
428.**As fenícias** – Eurípides
429.**Everest** – Thomaz Brandolin
430.**A arte de furtar** – Anônimo do séc. XVI
431.**Billy Bud** – Herman Melville
432.**A rosa separada** – Pablo Neruda
433.**Elegia** – Pablo Neruda
434.**A garota de Cassidy** – David Goodis
435.**Como fazer a guerra: máximas de Napoleão** – Balzac
436.**Poemas escolhidos** – Emily Dickinson
437.**Gracias por el fuego** – Mario Benedetti
438.**O sofá** – Crébillon Fils
439.**O "Martín Fierro"** – Jorge Luis Borges
440.**Trabalhos de amor perdidos** – W. Shakespeare
441.**O melhor de Hagar 3** – Dik Browne
442.**Os Maias (volume1)** – Eça de Queiroz
443.**Os Maias (volume2)** – Eça de Queiroz
444.**Anti-Justine** – Restif de La Bretonne
445.**Juventude** – Joseph Conrad
446.**Contos** – Eça de Queiroz
448.**Um amor de Swann** – Proust
449.**À paz perpétua** – Immanuel Kant
450.**A conquista do México** – Hernan Cortez
451.**Defeitos escolhidos e 2000** – Pablo Neruda
452.**O casamento do céu e do inferno** – William Blake
453.**A primeira viagem ao redor do mundo** – Antonio Pigafetta
457.**Sartre** – Annie Cohen-Solal
458.**Discurso do método** – René Descartes
459.**Garfield em grande forma (1)** – Jim Davis
460.**Garfield está de dieta** (2) – Jim Davis
461.**O livro das feras** – Patricia Highsmith
462.**Viajante solitário** – Jack Kerouac
463.**Auto da barca do inferno** – Gil Vicente
464.**O livro vermelho dos pensamentos de Millôr** – Millôr Fernandes
465.**O livro dos abraços** – Eduardo Galeano
466.**Voltaremos!** – José Antonio Pinheiro Machado
467.**Rango** – Edgar Vasques
468(8).**Dieta mediterrânea** – Dr. Fernando Lucchese e José Antonio Pinheiro Machado
469.**Radicci 5** – Iotti
470.**Pequenos pássaros** – Anaïs Nin
471.**Guia prático do Português correto – vol.3** – Cláudio Moreno
472.**Atire no pianista** – David Goodis
473.**Antologia Poética** – García Lorca
474.**Alexandre e César** – Plutarco
475.**Uma espiã na casa do amor** – Anaïs Nin
476.**A gorda do Tiki Bar** – Dalton Trevisan
477.**Garfield um gato de peso (3)** – Jim Davis
478.**Canibais** – David Coimbra
479.**A arte de escrever** – Arthur Schopenhauer
480.**Pinóquio** – Carlo Collodi
481.**Misto-quente** – Bukowski
482.**A lua na sarjeta** – David Goodis
483.**O melhor do Recruta Zero (1)** – Mort Walker
484.**Aline: TPM – tensão pré-monstrual (2)** – Adão Iturrusgarai
485.**Sermões do Padre Antonio Vieira**
486.**Garfield numa boa (4)** – Jim Davis
487.**Mensagem** – Fernando Pessoa
488.**Vendeta** *seguido de* **A paz conjugal** – Balzac
489.**Poemas de Alberto Caeiro** – Fernando Pessoa
490.**Ferragus** – Honoré de Balzac
491.**A duquesa de Langeais** – Honoré de Balzac
492.**A menina dos olhos de ouro** – Honoré de Balzac
493.**O lírio do vale** – Honoré de Balzac
497.**A noite das bruxas** – Agatha Christie
498.**Um passe de mágica** – Agatha Christie
499.**Nêmesis** – Agatha Christie
500.**Esboço para uma teoria das emoções** – Sartre
501.**Renda básica de cidadania** – Eduardo Suplicy
502(1).**Pílulas para viver melhor** – Dr. Lucchese
503(2).**Pílulas para prolongar a juventude** – Dr. Lucchese
504(3).**Desembarcando o diabetes** – Dr. Lucchese
505(4).**Desembarcando o sedentarismo** – Dr. Fernando Lucchese e Cláudio Castro
506(5).**Desembarcando a hipertensão** – Dr. Lucchese
507(6).**Desembarcando o colesterol** – Dr. Fernando Lucchese e Fernanda Lucchese
508.**Estudos de mulher** – Balzac
509.**O terceiro tira** – Flann O'Brien
510.**100 receitas de aves e ovos** – J. A. P. Machado
511.**Garfield em toneladas de diversão** (5) – Jim Davis
512.**Trem-bala** – Martha Medeiros
513.**Os cães ladram** – Truman Capote

514.**O Kama Sutra de Vatsyayana**
515.**O crime do Padre Amaro** – Eça de Queiroz
516.**Odes de Ricardo Reis** – Fernando Pessoa
517.**O inverno da nossa desesperança** – Steinbeck
518.**Piratas do Tietê (1)** – Laerte
519.**Rê Bordosa: do começo ao fim** – Angeli
520.**O Harlem é escuro** – Chester Himes
522.**Eugénie Grandet** – Balzac
523.**O último magnata** – F. Scott Fitzgerald
524.**Carol** – Patricia Highsmith
525.**100 receitas de patisseria** – Sílvio Lancellotti
527.**Tristessa** – Jack Kerouac
528.**O diamante do tamanho do Ritz** – F. Scott Fitzgerald
529.**As melhores histórias de Sherlock Holmes** – Arthur Conan Doyle
530.**Cartas a um jovem poeta** – Rilke
532.**O misterioso sr. Quin** – Agatha Christie
533.**Os analectos** – Confúcio
536.**Ascensão e queda de César Birotteau** – Balzac
537.**Sexta-feira negra** – David Goodis
538.**Ora bolas – O humor de Mario Quintana** – Juarez Fonseca
539.**Longe daqui aqui mesmo** – Antonio Bivar
540.**É fácil matar** – Agatha Christie
541.**O pai Goriot** – Balzac
542.**Brasil, um país do futuro** – Stefan Zweig
543.**O processo** – Kafka
544.**O melhor de Hagar 4** – Dik Browne
545.**Por que não pediram a Evans?** – Agatha Christie
546.**Fanny Hill** – John Cleland
547.**O gato por dentro** – William S. Burroughs
548.**Sobre a brevidade da vida** – Sêneca
549.**Geraldão (1)** – Glauco
550.**Piratas do Tietê (2)** – Laerte
551.**Pagando o pato** – Ciça
552.**Garfield de bom humor (6)** – Jim Davis
553.**Conhece o Mário?** vol.1 – Santiago
554.**Radicci 6** – Iotti
555.**Os subterrâneos** – Jack Kerouac
556(1).**Balzac** – François Taillandier
557(2).**Modigliani** – Christian Parisot
558(3).**Kafka** – Gérard-Georges Lemaire
559(4).**Júlio César** – Joël Schmidt
560.**Receitas da família** – J. A. Pinheiro Machado
561.**Boas maneiras à mesa** – Celia Ribeiro
562(9).**Filhos sadios, pais felizes** – R. Pagnoncelli
563(10).**Fatos & mitos** – Dr. Fernando Lucchese
564.**Ménage à trois** – Paula Taitelbaum
565.**Mulheres!** – David Coimbra
566.**Poemas de Álvaro de Campos** – Fernando Pessoa
567.**Medo e outras histórias** – Stefan Zweig
568.**Snoopy e sua turma (1)** – Schulz
569.**Piadas para sempre (1)** – Visconde da Casa Verde
570.**O alvo móvel** – Ross Macdonald
571.**O melhor do Recruta Zero (2)** – Mort Walker
572.**Um sonho americano** – Norman Mailer
573.**Os broncos também amam** – Angeli
574.**Crônica de um amor louco** – Bukowski
575(5).**Freud** – René Major e Chantal Talagrand
576(6).**Picasso** – Gilles Plazy
577(7).**Gandhi** – Christine Jordis
578.**A tumba** – H. P. Lovecraft
579.**O príncipe e o mendigo** – Mark Twain
580.**Garfield, um charme de gato (7)** – Jim Davis
581.**Ilusões perdidas** – Balzac
582.**Esplendores e misérias das cortesãs** – Balzac
583.**Walter Ego** – Angeli
584.**Striptiras (1)** – Laerte
585.**Fagundes: um puxa-saco de mão cheia** – Laerte
586.**Depois do último trem** – Josué Guimarães
587.**Ricardo III** – Shakespeare
588.**Dona Anja** – Josué Guimarães
589.**24 horas na vida de uma mulher** – Stefan Zweig
591.**Mulher no escuro** – Dashiell Hammett
592.**No que acredito** – Bertrand Russell
593.**Odisseia (1): Telemaquia** – Homero
594.**O cavalo cego** – Josué Guimarães
595.**Henrique V** – Shakespeare
596.**Fabulário geral do delírio cotidiano** – Bukowski
597.**Tiros na noite 1: A mulher do bandido** – Dashiell Hammett
598.**Snoopy em Feliz Dia dos Namorados! (2)** – Schulz
600.**Crime e castigo** – Dostoiévski
601.**Mistério no Caribe** – Agatha Christie
602.**Odisseia (2): Regresso** – Homero
603.**Piadas para sempre (2)** – Visconde da Casa Verde
604.**À sombra do vulcão** – Malcolm Lowry
605(8).**Kerouac** – Yves Buin
606.**E agora são cinzas** – Angeli
607.**As mil e uma noites** – Paulo Caruso
608.**Um assassino entre nós** – Ruth Rendell
609.**Crack-up** – F. Scott Fitzgerald
610.**Do amor** – Stendhal
611.**Cartas do Yage** – William Burroughs e Allen Ginsberg
612.**Striptiras (2)** – Laerte
613.**Henry & June** – Anaïs Nin
614.**A piscina mortal** – Ross Macdonald
615.**Geraldão (2)** – Glauco
616.**Tempo de delicadeza** – A. R. de Sant'Anna
617.**Tiros na noite 2: Medo de tiro** – Dashiell Hammett
618.**Snoopy em Assim é a vida, Charlie Brown! (3)** – Schulz
619.**1954 – Um tiro no coração** – Hélio Silva
620.**Sobre a inspiração poética (Íon)** e ... – Platão
621.**Garfield e seus amigos (8)** – Jim Davis
622.**Odisseia (3): Ítaca** – Homero
623.**A louca matança** – Chester Himes
624.**Factótum** – Bukowski
625.**Guerra e Paz: volume 1** – Tolstói
626.**Guerra e Paz: volume 2** – Tolstói

627.**Guerra e Paz: volume 3** – Tolstói
628.**Guerra e Paz: volume 4** – Tolstói
629(9).**Shakespeare** – Claude Mourthé
630.**Bem está o que bem acaba** – Shakespeare
631.**O contrato social** – Rousseau
632.**Geração Beat** – Jack Kerouac
633.**Snoopy: É Natal! (4)** – Charles Schulz
634.**Testemunha da acusação** – Agatha Christie
635.**Um elefante no caos** – Millôr Fernandes
636.**Guia de leitura (100 autores que você precisa ler)** – Organização de Léa Masina
637.**Pistoleiros também mandam flores** – David Coimbra
638.**O prazer das palavras** – vol. 1 – Cláudio Moreno
639.**O prazer das palavras** – vol. 2 – Cláudio Moreno
640.**Novíssimo testamento: com Deus e o diabo, a dupla da criação** – Iotti
641.**Literatura Brasileira: modos de usar** – Luís Augusto Fischer
642.**Dicionário de Porto-Alegrês** – Luís A. Fischer
643.**Clô Dias & Noites** – Sérgio Jockymann
644.**Memorial de Isla Negra** – Pablo Neruda
645.**Um homem extraordinário e outras histórias** – Tchékhov
646.**Ana sem terra** – Alcy Cheuiche
647.**Adultérios** – Woody Allen
651.**Snoopy: Posso fazer uma pergunta, professora? (5)** – Charles Schulz
652(10).**Luís XVI** – Bernard Vincent
653.**O mercador de Veneza** – Shakespeare
654.**Cancioneiro** – Fernando Pessoa
655.**Non-Stop** – Martha Medeiros
656.**Carpinteiros, levantem bem alto a cumeeira & Seymour, uma apresentação** – J.D.Salinger
657.**Ensaios céticos** – Bertrand Russell
658.**O melhor de Hagar 5** – Dik e Chris Browne
659.**Primeiro amor** – Ivan Turguêniev
660.**A trégua** – Mario Benedetti
661.**Um parque de diversões da cabeça** – Lawrence Ferlinghetti
662.**Aprendendo a viver** – Sêneca
663.**Garfield, um gato em apuros (9)** – Jim Davis
664.**Dilbert (1)** – Scott Adams
666.**A imaginação** – Jean-Paul Sartre
667.**O ladrão e os cães** – Naguib Mahfuz
669.**A volta do parafuso** *seguido de* **Daisy Miller** – Henry James
670.**Notas do subsolo** – Dostoiévski
671.**Abobrinhas da Brasilônia** – Glauco
672.**Geraldão (3)** – Glauco
673.**Piadas para sempre (3)** – Visconde da Casa Verde
674.**Duas viagens ao Brasil** – Hans Staden
676.**A arte da guerra** – Maquiavel
677.**Além do bem e do mal** – Nietzsche
678.**O coronel Chabert** *seguido de* **A mulher abandonada** – Balzac
679.**O sorriso de marfim** – Ross Macdonald
680.**100 receitas de pescados** – Sílvio Lancellotti
681.**O juiz e seu carrasco** – Friedrich Dürrenmatt
682.**Noites brancas** – Dostoiévski
683.**Quadras ao gosto popular** – Fernando Pessoa
685.**Kaos** – Millôr Fernandes
686.**A pele de onagro** – Balzac
687.**As ligações perigosas** – Choderlos de Laclos
689.**Os Lusíadas** – Luís Vaz de Camões
690(11).**Átila** – Éric Deschodt
691.**Um jeito tranquilo de matar** – Chester Himes
692.**A felicidade conjugal** *seguido de* **O diabo** – Tolstói
693.**Viagem de um naturalista ao redor do mundo** – vol. 1 – Charles Darwin
694.**Viagem de um naturalista ao redor do mundo** – vol. 2 – Charles Darwin
695.**Memórias da casa dos mortos** – Dostoiévski
696.**A Celestina** – Fernando de Rojas
697.**Snoopy: Como você é azarado, Charlie Brown! (6)** – Charles Schulz
698.**Dez (quase) amores** – Claudia Tajes
699.**Poirot sempre espera** – Agatha Christie
701.**Apologia de Sócrates** *precedido de* **Êutifron** e *seguido de* **Críton** – Platão
702.**Wood & Stock** – Angeli
703.**Striptiras (3)** – Laerte
704.**Discurso sobre a origem e os fundamentos da desigualdade entre os homens** – Rousseau
705.**Os duelistas** – Joseph Conrad
706.**Dilbert (2)** – Scott Adams
707.**Viver e escrever** (vol. 1) – Edla van Steen
708.**Viver e escrever** (vol. 2) – Edla van Steen
709.**Viver e escrever** (vol. 3) – Edla van Steen
710.**A teia da aranha** – Agatha Christie
711.**O banquete** – Platão
712.**Os belos e malditos** – F. Scott Fitzgerald
713.**Libelo contra a arte moderna** – Salvador Dalí
714.**Akropolis** – Valerio Massimo Manfredi
715.**Devoradores de mortos** – Michael Crichton
716.**Sob o sol da Toscana** – Frances Mayes
717.**Batom na cueca** – Nani
718.**Vida dura** – Claudia Tajes
719.**Carne trêmula** – Ruth Rendell
720.**Cris, a fera** – David Coimbra
721.**O anticristo** – Nietzsche
722.**Como um romance** – Daniel Pennac
723.**Emboscada no Forte Bragg** – Tom Wolfe
724.**Assédio sexual** – Michael Crichton
725.**O espírito do Zen** – Alan W.Watts
726.**Um bonde chamado desejo** – Tennessee Williams
727.**Como gostais** *seguido de* **Conto de inverno** – Shakespeare
728.**Tratado sobre a tolerância** – Voltaire
729.**Snoopy: Doces ou travessuras? (7)** – Charles Schulz
730.**Cardápios do Anonymus Gourmet** – J.A. Pinheiro Machado
731.**100 receitas com lata** – J.A. Pinheiro Machado
732.**Conhece o Mário?** vol.2 – Santiago
733.**Dilbert (3)** – Scott Adams
734.**História de um louco amor** *seguido de* **Passado amor** – Horacio Quiroga

735(11).**Sexo: muito prazer** – Laura Meyer da Silva
736(12).**Para entender o adolescente** – Dr. Ronald Pagnoncelli
737(13).**Desembarcando a tristeza** – Dr. Fernando Lucchese
738.**Poirot e o mistério da arca espanhola & outras histórias** – Agatha Christie
739.**A última legião** – Valerio Massimo Manfredi
741.**Sol nascente** – Michael Crichton
742.**Duzentos ladrões** – Dalton Trevisan
743.**Os devaneios do caminhante solitário** – Rousseau
744.**Garfield, o rei da preguiça (10)** – Jim Davis
745.**Os magnatas** – Charles R. Morris
746.**Pulp** – Charles Bukowski
747.**Enquanto agonizo** – William Faulkner
748.**Aline: viciada em sexo (3)** – Adão Iturrusgarai
749.**A dama do cachorrinho** – Anton Tchékhov
750.**Tito Andrônico** – Shakespeare
751.**Antologia poética** – Anna Akhmátova
752.**O melhor de Hagar 6** – Dik e Chris Browne
753(12).**Michelangelo** – Nadine Sautel
754.**Dilbert (4)** – Scott Adams
755.**O jardim das cerejeiras** *seguido de* **Tio Vânia** – Tchékhov
756.**Geração Beat** – Claudio Willer
757.**Santos Dumont** – Alcy Cheuiche
758.**Budismo** – Claude B. Levenson
759.**Cleópatra** – Christian-Georges Schwentzel
760.**Revolução Francesa** – Frédéric Bluche, Stéphane Rials e Jean Tulard
761.**A crise de 1929** – Bernard Gazier
762.**Sigmund Freud** – Edson Sousa e Paulo Endo
763.**Império Romano** – Patrick Le Roux
764.**Cruzadas** – Cécile Morrisson
765.**O mistério do Trem Azul** – Agatha Christie
768.**Senso comum** – Thomas Paine
769.**O parque dos dinossauros** – Michael Crichton
770.**Trilogia da paixão** – Goethe
773.**Snoopy: No mundo da lua! (8)** – Charles Schulz
774.**Os Quatro Grandes** – Agatha Christie
775.**Um brinde de cianureto** – Agatha Christie
776.**Súplicas atendidas** – Truman Capote
779.**A viúva imortal** – Millôr Fernandes
780.**Cabala** – Roland Goetschel
781.**Capitalismo** – Claude Jessua
782.**Mitologia grega** – Pierre Grimal
783.**Economia: 100 palavras-chave** – Jean-Paul Betbèze
784.**Marxismo** – Henri Lefebvre
785.**Punição para a inocência** – Agatha Christie
786.**A extravagância do morto** – Agatha Christie
787(13).**Cézanne** – Bernard Fauconnier
788.**A identidade Bourne** – Robert Ludlum
789.**Da tranquilidade da alma** – Sêneca
790.**Um artista da fome** *seguido de* **Na colônia penal e outras histórias** – Kafka
791.**Histórias de fantasmas** – Charles Dickens
796.**O Uraguai** – Basílio da Gama
797.**A mão misteriosa** – Agatha Christie
798.**Testemunha ocular do crime** – Agatha Christie
799.**Crepúsculo dos ídolos** – Friedrich Nietzsche
802.**O grande golpe** – Dashiell Hammett
803.**Humor barra pesada** – Nani
804.**Vinho** – Jean-François Gautier
805.**Egito Antigo** – Sophie Desplancques
806(14).**Baudelaire** – Jean-Baptiste Baronian
807.**Caminho da sabedoria, caminho da paz** – Dalai Lama e Felizitas von Schönborn
808.**Senhor e servo e outras histórias** – Tolstói
809.**Os cadernos de Malte Laurids Brigge** – Rilke
810.**Dilbert (5)** – Scott Adams
811.**Big Sur** – Jack Kerouac
812.**Seguindo a correnteza** – Agatha Christie
813.**O álibi** – Sandra Brown
814.**Montanha-russa** – Martha Medeiros
815.**Coisas da vida** – Martha Medeiros
816.**A cantada infalível** *seguido de* **A mulher do centroavante** – David Coimbra
819.**Snoopy: Pausa para a soneca (9)** – Charles Schulz
820.**De pernas pro ar** – Eduardo Galeano
821.**Tragédias gregas** – Pascal Thiercy
822.**Existencialismo** – Jacques Colette
823.**Nietzsche** – Jean Granier
824.**Amar ou depender?** – Walter Riso
825.**Darmapada: A doutrina budista em versos**
826.**J'Accuse...! – a verdade em marcha** – Zola
827.**Os crimes ABC** – Agatha Christie
828.**Um gato entre os pombos** – Agatha Christie
831.**Dicionário de teatro** – Luiz Paulo Vasconcellos
832.**Cartas extraviadas** – Martha Medeiros
833.**A longa viagem de prazer** – J. J. Morosoli
834.**Receitas fáceis** – J. A. Pinheiro Machado
835.(14).**Mais fatos & mitos** – Dr. Fernando Lucchese
836.(15).**Boa viagem!** – Dr. Fernando Lucchese
837.**Aline: Finalmente nua!!! (4)** – Adão Iturrusgarai
838.**Mônica tem uma novidade!** – Mauricio de Sousa
839.**Cebolinha em apuros!** – Mauricio de Sousa
840.**Sócios no crime** – Agatha Christie
841.**Bocas do tempo** – Eduardo Galeano
842.**Orgulho e preconceito** – Jane Austen
843.**Impressionismo** – Dominique Lobstein
844.**Escrita chinesa** – Viviane Alleton
845.**Paris: uma história** – Yvan Combeau
846(15).**Van Gogh** – David Haziot
848.**Portal do destino** – Agatha Christie
849.**O futuro de uma ilusão** – Freud
850.**O mal-estar na cultura** – Freud
853.**Um crime adormecido** – Agatha Christie
854.**Satori em Paris** – Jack Kerouac
855.**Medo e delírio em Las Vegas** – Hunter Thompson
856.**Um negócio fracassado e outros contos de humor** – Tchékhov
857.**Mônica está de férias!** – Mauricio de Sousa
858.**De quem é esse coelho?** – Mauricio de Sousa
860.**O mistério Sittaford** – Agatha Christie
861.**Manhã transfigurada** – L. A. de Assis Brasil
862.**Alexandre, o Grande** – Pierre Briant
863.**Jesus** – Charles Perrot

864.**Islã** – Paul Balta
865.**Guerra da Secessão** – Farid Ameur
866.**Um rio que vem da Grécia** – Cláudio Moreno
868.**Assassinato na casa do pastor** – Agatha Christie
869.**Manual do líder** – Napoleão Bonaparte
870(16).**Billie Holiday** – Sylvia Fol
871.**Bidu arrasando!** – Mauricio de Sousa
872.**Os Sousa: Desventuras em família** – Mauricio de Sousa
874.**E no final a morte** – Agatha Christie
875.**Guia prático do Português correto – vol. 4** – Cláudio Moreno
876.**Dilbert (6)** – Scott Adams
877(17).**Leonardo da Vinci** – Sophie Chauveau
878.**Bella Toscana** – Frances Mayes
879.**A arte da ficção** – David Lodge
880.**Striptiras (4)** – Laerte
881.**Skrotinhos** – Angeli
882.**Depois do funeral** – Agatha Christie
883.**Radicci 7** – Iotti
884.**Walden** – H. D. Thoreau
885.**Lincoln** – Allen C. Guelzo
886.**Primeira Guerra Mundial** – Michael Howard
887.**A linha de sombra** – Joseph Conrad
888.**O amor é um cão dos diabos** – Bukowski
890.**Despertar: uma vida de Buda** – Jack Kerouac
891(18).**Albert Einstein** – Laurent Seksik
892.**Hell's Angels** – Hunter Thompson
893.**Ausência na primavera** – Agatha Christie
894.**Dilbert (7)** – Scott Adams
895.**Ao sul de lugar nenhum** – Bukowski
896.**Maquiavel** – Quentin Skinner
897.**Sócrates** – C.C.W. Taylor
899.**O Natal de Poirot** – Agatha Christie
900.**As veias abertas da América Latina** – Eduardo Galeano
901.**Snoopy: Sempre alerta! (10)** – Charles Schulz
902.**Chico Bento: Plantando confusão** – Mauricio de Sousa
903.**Penadinho: Quem é morto sempre aparece** – Mauricio de Sousa
904.**A vida sexual da mulher feia** – Claudia Tajes
905.**100 segredos de liquidificador** – José Antonio Pinheiro Machado
906.**Sexo muito prazer 2** – Laura Meyer da Silva
907.**Os nascimentos** – Eduardo Galeano
908.**As caras e as máscaras** – Eduardo Galeano
909.**O século do vento** – Eduardo Galeano
910.**Poirot perde uma cliente** – Agatha Christie
911.**Cérebro** – Michael O'Shea
912.**O escaravelho de ouro e outras histórias** – Edgar Allan Poe
913.**Piadas para sempre (4)** – Visconde da Casa Verde
914.**100 receitas de massas light** – Helena Tonetto
915(19).**Oscar Wilde** – Daniel Salvatore Schiffer
916.**Uma breve história do mundo** – H. G. Wells
917.**A Casa do Penhasco** – Agatha Christie
919.**John M. Keynes** – Bernard Gazier
920(20).**Virginia Woolf** – Alexandra Lemasson
921.**Peter e Wendy** *seguido de* **Peter Pan em Kensington Gardens** – J. M. Barrie
922.**Aline: numas de colegial (5)** – Adão Iturrusgarai
923.**Uma dose mortal** – Agatha Christie
924.**Os trabalhos de Hércules** – Agatha Christie
926.**Kant** – Roger Scruton
927.**A inocência do Padre Brown** – G.K. Chesterton
928.**Casa Velha** – Machado de Assis
929.**Marcas de nascença** – Nancy Huston
930.**Aulete de bolso**
931.**Hora Zero** – Agatha Christie
932.**Morte na Mesopotâmia** – Agatha Christie
934.**Nem te conto, João** – Dalton Trevisan
935.**As aventuras de Huckleberry Finn** – Mark Twain
936(21).**Marilyn Monroe** – Anne Plantagenet
937.**China moderna** – Rana Mitter
938.**Dinossauros** – David Norman
939.**Louca por homem** – Claudia Tajes
940.**Amores de alto risco** – Walter Riso
941.**Jogo de damas** – David Coimbra
942.**Filha é filha** – Agatha Christie
943.**M ou N?** – Agatha Christie
945.**Bidu: diversão em dobro!** – Mauricio de Sousa
946.**Fogo** – Anaïs Nin
947.**Rum: diário de um jornalista bêbado** – Hunter Thompson
948.**Persuasão** – Jane Austen
949.**Lágrimas na chuva** – Sergio Faraco
950.**Mulheres** – Bukowski
951.**Um pressentimento funesto** – Agatha Christie
952.**Cartas na mesa** – Agatha Christie
954.**O lobo do mar** – Jack London
955.**Os gatos** – Patricia Highsmith
956(22).**Jesus** – Christiane Rancé
957.**História da medicina** – William Bynum
958.**O Morro dos Ventos Uivantes** – Emily Brontë
959.**A filosofia na era trágica dos gregos** – Nietzsche
960.**Os treze problemas** – Agatha Christie
961.**A massagista japonesa** – Moacyr Scliar
963.**Humor do miserê** – Nani
964.**Todo o mundo tem dúvida, inclusive você** – Édison de Oliveira
965.**A dama do Bar Nevada** – Sergio Faraco
969.**O psicopata americano** – Bret Easton Ellis
970.**Ensaios de amor** – Alain de Botton
971.**O grande Gatsby** – F. Scott Fitzgerald
972.**Por que não sou cristão** – Bertrand Russell
973.**A Casa Torta** – Agatha Christie
974.**Encontro com a morte** – Agatha Christie
975(23).**Rimbaud** – Jean-Baptiste Baronian
976.**Cartas na rua** – Bukowski
977.**Memória** – Jonathan K. Foster
978.**A abadia de Northanger** – Jane Austen
979.**As pernas de Úrsula** – Claudia Tajes
980.**Retrato inacabado** – Agatha Christie
981.**Solanin (1)** – Inio Asano
982.**Solanin (2)** – Inio Asano
983.**Aventuras de menino** – Mitsuru Adachi
984(16).**Fatos & mitos sobre sua alimentação** – Dr. Fernando Lucchese

985.**Teoria quântica** – John Polkinghorne
986.**O eterno marido** – Fiódor Dostoiévski
987.**Um safado em Dublin** – J. P. Donleavy
988.**Mirinha** – Dalton Trevisan
989.**Akhenaton e Nefertiti** – Carmen Seganfredo e A. S. Franchini
990.**On the Road – o manuscrito original** – Jack Kerouac
991.**Relatividade** – Russell Stannard
992.**Abaixo de zero** – Bret Easton Ellis
993(24).**Andy Warhol** – Mériam Korichi
995.**Os últimos casos de Miss Marple** – Agatha Christie
996.**Nico Demo: Aí vem encrenca** – Mauricio de Sousa
998.**Rousseau** – Robert Wokler
999.**Noite sem fim** – Agatha Christie
1000.**Diários de Andy Warhol (1)** – Editado por Pat Hackett
1001.**Diários de Andy Warhol (2)** – Editado por Pat Hackett
1002.**Cartier-Bresson: o olhar do século** – Pierre Assouline
1003.**As melhores histórias da mitologia: vol. 1** – A.S. Franchini e Carmen Seganfredo
1004.**As melhores histórias da mitologia: vol. 2** – A.S. Franchini e Carmen Seganfredo
1005.**Assassinato no beco** – Agatha Christie
1006.**Convite para um homicídio** – Agatha Christie
1008.**História da vida** – Michael J. Benton
1009.**Jung** – Anthony Stevens
1010.**Arsène Lupin, ladrão de casaca** – Maurice Leblanc
1011.**Dublinenses** – James Joyce
1012.**120 tirinhas da Turma da Mônica** – Mauricio de Sousa
1013.**Antologia poética** – Fernando Pessoa
1014.**A aventura de um cliente ilustre** ***seguido de*** **O último adeus de Sherlock Holmes** – Sir Arthur Conan Doyle
1015.**Cenas de Nova York** – Jack Kerouac
1016.**A corista** – Anton Tchékhov
1017.**O diabo** – Leon Tolstói
1018.**Fábulas chinesas** – Sérgio Capparelli e Márcia Schmaltz
1019.**O gato do Brasil** – Sir Arthur Conan Doyle
1020.**Missa do Galo** – Machado de Assis
1021.**O mistério de Marie Rogêt** – Edgar Allan Poe
1022.**A mulher mais linda da cidade** – Bukowski
1023.**O retrato** – Nicolai Gogol
1024.**O conflito** – Agatha Christie
1025.**Os primeiros casos de Poirot** – Agatha Christie
1027(25).**Beethoven** – Bernard Fauconnier
1028.**Platão** – Julia Annas
1029.**Cleo e Daniel** – Roberto Freire
1030.**Til** – José de Alencar
1031.**Viagens na minha terra** – Almeida Garrett
1032.**Profissões para mulheres e outros artigos feministas** – Virginia Woolf
1033.**Mrs. Dalloway** – Virginia Woolf
1034.**O cão da morte** – Agatha Christie
1035.**Tragédia em três atos** – Agatha Christie
1037.**O fantasma da Ópera** – Gaston Leroux
1038.**Evolução** – Brian e Deborah Charlesworth
1039.**Medida por medida** – Shakespeare
1040.**Razão e sentimento** – Jane Austen
1041.**A obra-prima ignorada** ***seguido de*** **Um episódio durante o Terror** – Balzac
1042.**A fugitiva** – Anaïs Nin
1043.**As grandes histórias da mitologia greco--romana** – A. S. Franchini
1044.**O corno de si mesmo & outras historietas** – Marquês de Sade
1045.**Da felicidade** ***seguido de*** **Da vida retirada** – Sêneca
1046.**O horror em Red Hook e outras histórias** – H. P. Lovecraft
1047.**Noite em claro** – Martha Medeiros
1048.**Poemas clássicos chineses** – Li Bai, Du Fu e Wang Wei
1049.**A terceira moça** – Agatha Christie
1050.**Um destino ignorado** – Agatha Christie
1051(26).**Buda** – Sophie Royer
1052.**Guerra Fria** – Robert J. McMahon
1053.**Simons's Cat: as aventuras de um gato travesso e comilão – vol. 1** – Simon Tofield
1054.**Simons's Cat: as aventuras de um gato travesso e comilão – vol. 2** – Simon Tofield
1055.**Só as mulheres e as baratas sobreviverão** – Claudia Tajes
1057.**Pré-história** – Chris Gosden
1058.**Pintou sujeira!** – Mauricio de Sousa
1059.**Contos de Mamãe Gansa** – Charles Perrault
1060.**A interpretação dos sonhos: vol. 1** – Freud
1061.**A interpretação dos sonhos: vol. 2** – Freud
1062.**Frufru Rataplã Dolores** – Dalton Trevisan
1063.**As melhores histórias da mitologia egípcia** – Carmem Seganfredo e A.S. Franchini
1064.**Infância. Adolescência. Juventude** – Tolstói
1065.**As consolações da filosofia** – Alain de Botton
1066.**Diários de Jack Kerouac – 1947-1954**
1067.**Revolução Francesa – vol. 1** – Max Gallo
1068.**Revolução Francesa – vol. 2** – Max Gallo
1069.**O detetive Parker Pyne** – Agatha Christie
1070.**Memórias do esquecimento** – Flávio Tavares
1071.**Drogas** – Leslie Iversen
1072.**Manual de ecologia (vol.2)** – J. Lutzenberger
1073.**Como andar no labirinto** – Affonso Romano de Sant'Anna
1074.**A orquídea e o serial killer** – Juremir Machado da Silva
1075.**Amor nos tempos de fúria** – Lawrence Ferlinghetti
1076.**A aventura do pudim de Natal** – Agatha Christie
1078.**Amores que matam** – Patricia Faur
1079.**Histórias de pescador** – Mauricio de Sousa
1080.**Pedaços de um caderno manchado de vinho** – Bukowski
1081.**A ferro e fogo: tempo de solidão (vol.1)** – Josué Guimarães
1082.**A ferro e fogo: tempo de guerra (vol.2)** – Josué Guimarães

1084(17).**Desembarcando o Alzheimer** – Dr. Fernando Lucchese e Dra. Ana Hartmann
1085.**A maldição do espelho** – Agatha Christie
1086.**Uma breve história da filosofia** – Nigel Warburton
1088.**Heróis da História** – Will Durant
1089.**Concerto campestre** – L. A. de Assis Brasil
1090.**Morte nas nuvens** – Agatha Christie
1092.**Aventura em Bagdá** – Agatha Christie
1093.**O cavalo amarelo** – Agatha Christie
1094.**O método de interpretação dos sonhos** – Freud
1095.**Sonetos de amor e desamor** – Vários
1096.**120 tirinhas do Dilbert** – Scott Adams
1097.**200 fábulas de Esopo**
1098.**O curioso caso de Benjamin Button** – F. Scott Fitzgerald
1099.**Piadas para sempre: uma antologia para morrer de rir** – Visconde da Casa Verde
1100.**Hamlet (Mangá)** – Shakespeare
1101.**A arte da guerra (Mangá)** – Sun Tzu
1104.**As melhores histórias da Bíblia (vol.1)** – A. S. Franchini e Carmen Seganfredo
1105.**As melhores histórias da Bíblia (vol.2)** – A. S. Franchini e Carmen Seganfredo
1106.**Psicologia das massas e análise do eu** – Freud
1107.**Guerra Civil Espanhola** – Helen Graham
1108.**A autoestrada do sul e outras histórias** – Julio Cortázar
1109.**O mistério dos sete relógios** – Agatha Christie
1110.**Peanuts: Ninguém gosta de mim... (amor)** – Charles Schulz
1111.**Cadê o bolo?** – Mauricio de Sousa
1112.**O filósofo ignorante** – Voltaire
1113.**Totem e tabu** – Freud
1114.**Filosofia pré-socrática** – Catherine Osborne
1115.**Desejo de status** – Alain de Botton
1118.**Passageiro para Frankfurt** – Agatha Christie
1120.**Kill All Enemies** – Melvin Burgess
1121.**A morte da sra. McGinty** – Agatha Christie
1122.**Revolução Russa** – S. A. Smith
1123.**Até você, Capitu?** – Dalton Trevisan
1124.**O grande Gatsby (Mangá)** – F. S. Fitzgerald
1125.**Assim falou Zaratustra (Mangá)** – Nietzsche
1126. **Peanuts: É para isso que servem os amigos (amizade)** – Charles Schulz
1127(27).**Nietzsche** – Dorian Astor
1128.**Bidu: Hora do banho** – Mauricio de Sousa
1129.**O melhor do Macanudo Taurino** – Santiago
1130.**Radicci 30 anos** – Iotti
1131.**Show de sabores** – J.A. Pinheiro Machado
1132.**O prazer das palavras** – vol. 3 – Cláudio Moreno
1133.**Morte na praia** – Agatha Christie
1134.**O fardo** – Agatha Christie
1135.**Manifesto do Partido Comunista (Mangá)** – Marx & Engels
1136.**A metamorfose (Mangá)** – Franz Kafka
1137.**Por que você não se casou... ainda** – Tracy McMillan
1138.**Textos autobiográficos** – Bukowski
1139.**A importância de ser prudente** – Oscar Wilde
1140.**Sobre a vontade na natureza** – Arthur Schopenhauer
1141.**Dilbert (8)** – Scott Adams
1142.**Entre dois amores** – Agatha Christie
1143.**Cipreste triste** – Agatha Christie
1144.**Alguém viu uma assombração?** – Mauricio de Sousa
1145.**Mandela** – Elleke Boehmer
1146.**Retrato do artista quando jovem** – James Joyce
1147.**Zadig ou o destino** – Voltaire
1148.**O contrato social (Mangá)** – J.-J. Rousseau
1149.**Garfield fenomenal** – Jim Davis
1150.**A queda da América** – Allen Ginsberg
1151.**Música na noite & outros ensaios** – Aldous Huxley
1152.**Poesias inéditas & Poemas dramáticos** – Fernando Pessoa
1153.**Peanuts: Felicidade é...** – Charles M. Schulz
1154.**Mate-me por favor** – Legs McNeil e Gillian McCain
1155.**Assassinato no Expresso Oriente** – Agatha Christie
1156.**Um punhado de centeio** – Agatha Christie
1157.**A interpretação dos sonhos (Mangá)** – Freud
1158.**Peanuts: Você não entende o sentido da vida** – Charles M. Schulz
1159.**A dinastia Rothschild** – Herbert R. Lottman
1160.**A Mansão Hollow** – Agatha Christie
1161.**Nas montanhas da loucura** – H.P. Lovecraft
1162(28).**Napoleão Bonaparte** – Pascale Fautrier
1163.**Um corpo na biblioteca** – Agatha Christie
1164.**Inovação** – Mark Dodgson e David Gann
1165.**O que toda mulher deve saber sobre os homens: a afetividade masculina** – Walter Riso
1166.**O amor está no ar** – Mauricio de Sousa
1167.**Testemunha de acusação & outras histórias** – Agatha Christie
1168.**Etiqueta de bolso** – Celia Ribeiro
1169.**Poesia reunida (volume 3)** – Affonso Romano de Sant'Anna
1170.**Emma** – Jane Austen
1171.**Que seja em segredo** – Ana Miranda
1172.**Garfield sem apetite** – Jim Davis
1173.**Garfield: Foi mal...** – Jim Davis
1174.**Os irmãos Karamázov (Mangá)** – Dostoiévski
1175.**O Pequeno Príncipe** – Antoine de Saint-Exupéry
1176.**Peanuts: Ninguém mais tem o espírito aventureiro** – Charles M. Schulz
1177.**Assim falou Zaratustra** – Nietzsche
1178.**Morte no Nilo** – Agatha Christie
1179.**Ê, soneca boa** – Mauricio de Sousa
1180.**Garfield a todo o vapor** – Jim Davis
1181.**Em busca do tempo perdido (Mangá)** – Proust
1182.**Cai o pano: o último caso de Poirot** – Agatha Christie
1183.**Livro para colorir e relaxar** – Livro 1
1184.**Para colorir sem parar**
1185.**Os elefantes não esquecem** – Agatha Christie
1186.**Teoria da relatividade** – Albert Einstein

1187.**Compêndio da psicanálise** – Freud
1188.**Visões de Gerard** – Jack Kerouac
1189.**Fim de verão** – Mohiro Kitoh
1190.**Procurando diversão** – Mauricio de Sousa
1191.**E não sobrou nenhum e outras peças** – Agatha Christie
1192.**Ansiedade** – Daniel Freeman & Jason Freeman
1193.**Garfield: pausa para o almoço** – Jim Davis
1194.**Contos do dia e da noite** – Guy de Maupassant
1195.**O melhor de Hagar 7** – Dik Browne
1196(29).**Lou Andreas-Salomé** – Dorian Astor
1197(30).**Pasolini** – René de Ceccatty
1198.**O caso do Hotel Bertram** – Agatha Christie
1199.**Crônicas de motel** – Sam Shepard
1200.**Pequena filosofia da paz interior** – Catherine Rambert
1201.**Os sertões** – Euclides da Cunha
1202.**Treze à mesa** – Agatha Christie
1203.**Bíblia** – John Riches
1204.**Anjos** – David Albert Jones
1205.**As tirinhas do Guri de Uruguaiana 1** – Jair Kobe
1206.**Entre aspas (vol.1)** – Fernando Eichenberg
1207.**Escrita** – Andrew Robinson
1208.**O spleen de Paris: pequenos poemas em prosa** – Charles Baudelaire
1209.**Satíricon** – Petrônio
1210.**O avarento** – Molière
1211.**Queimando na água, afogando-se na chama** – Bukowski
1212.**Miscelânea septuagenária: contos e poemas** – Bukowski
1213.**Que filosofar é aprender a morrer e outros ensaios** – Montaigne
1214.**Da amizade e outros ensaios** – Montaigne
1215.**O medo à espreita e outras histórias** – H.P. Lovecraft
1216.**A obra de arte na era de sua reprodutibilidade técnica** – Walter Benjamin
1217.**Sobre a liberdade** – John Stuart Mill
1218.**O segredo de Chimneys** – Agatha Christie
1219.**Morte na rua Hickory** – Agatha Christie
1220.**Ulisses (Mangá)** – James Joyce
1221.**Ateísmo** – Julian Baggini
1222.**Os melhores contos de Katherine Mansfield** – Katherine Mansfield
1223(31).**Martin Luther King** – Alain Foix
1224.**Millôr Definitivo: uma antologia de *A Bíblia do Caos*** – Millôr Fernandes
1225.**O Clube das Terças-Feiras e outras histórias** – Agatha Christie
1226.**Por que sou tão sábio** – Nietzsche
1227.**Sobre a mentira** – Platão
1228.**Sobre a leitura** *seguido do* **Depoimento de Céleste Albaret** – Proust
1229.**O homem do terno marrom** – Agatha Christie
1230(32).**Jimi Hendrix** – Franck Médioni
1231.**Amor e amizade e outras histórias** – Jane Austen
1232.**Lady Susan, Os Watson e Sanditon** – Jane Austen
1233.**Uma breve história da ciência** – William Bynum
1234.**Macunaíma: o herói sem nenhum caráter** – Mário de Andrade
1235.**A máquina do tempo** – H.G. Wells
1236.**O homem invisível** – H.G. Wells
1237.**Os 36 estratagemas: manual secreto da arte da guerra** – Anônimo
1238.**A mina de ouro e outras histórias** – Agatha Christie
1239.**Pic** – Jack Kerouac
1240.**O habitante da escuridão e outros contos** – H.P. Lovecraft
1241.**O chamado de Cthulhu e outros contos** – H.P. Lovecraft
1242.**O melhor de Meu reino por um cavalo!** – Edição de Ivan Pinheiro Machado
1243.**A guerra dos mundos** – H.G. Wells
1244.**O caso da criada perfeita e outras histórias** – Agatha Christie
1245.**Morte por afogamento e outras histórias** – Agatha Christie
1246.**Assassinato no Comitê Central** – Manuel Vázquez Montalbán
1247.**O papai é pop** – Marcos Piangers
1248.**O papai é pop 2** – Marcos Piangers
1249.**A mamãe é rock** – Ana Cardoso
1250.**Paris boêmia** – Dan Franck
1251.**Paris libertária** – Dan Franck
1252.**Paris ocupada** – Dan Franck
1253.**Uma anedota infame** – Dostoiévski
1254.**O último dia de um condenado** – Victor Hugo
1255.**Nem só de caviar vive o homem** – J.M. Simmel
1256.**Amanhã é outro dia** – J.M. Simmel
1257.**Mulherzinhas** – Louisa May Alcott
1258.**Reforma Protestante** – Peter Marshall
1259.**História econômica global** – Robert C. Allen
1260(33).**Che Guevara** – Alain Foix
1261.**Câncer** – Nicholas James
1262.**Akhenaton** – Agatha Christie
1263.**Aforismos para a sabedoria de vida** – Arthur Schopenhauer
1264.**Uma história do mundo** – David Coimbra
1265.**Ame e não sofra** – Walter Riso
1266.**Desapegue-se!** – Walter Riso
1267.**Os Sousa: Uma famíla do barulho** – Mauricio de Sousa
1268.**Nico Demo: O rei da travessura** – Mauricio de Sousa
1269.**Testemunha de acusação e outras peças** – Agatha Christie
1270(34).**Dostoiévski** – Virgil Tanase
1271.**O melhor de Hagar 8** – Dik Browne
1272.**O melhor de Hagar 9** – Dik Browne

1273.**O melhor de Hagar 10** – Dik e Chris Browne
1274.**Considerações sobre o governo representativo** – John Stuart Mill
1275.**O homem Moisés e a religião monoteísta** – Freud
1276.**Inibição, sintoma e medo** – Freud
1277.**Além do princípio de prazer** – Freud
1278.**O direito de dizer não!** – Walter Riso
1279.**A arte de ser flexível** – Walter Riso
1280.**Casados e descasados** – August Strindberg
1281.**Da Terra à Lua** – Júlio Verne
1282.**Minhas galerias e meus pintores** – Kahnweiler
1283.**A arte do romance** – Virginia Woolf
1284.**Teatro completo v. 1: As aves da noite** ***seguido de*** **O visitante** – Hilda Hilst
1285.**Teatro completo v. 2: O verdugo** ***seguido de*** **A morte do patriarca** – Hilda Hilst
1286.**Teatro completo v. 3: O rato no muro** ***seguido de*** **Auto da barca de Camiri** – Hilda Hilst
1287.**Teatro completo v. 4: A empresa** ***seguido de*** **O novo sistema** – Hilda Hilst
1289.**Fora de mim** – Martha Medeiros
1290.**Divã** – Martha Medeiros
1291.**Sobre a genealogia da moral: um escrito polêmico** – Nietzsche
1292.**A consciência de Zeno** – Italo Svevo
1293.**Células-tronco** – Jonathan Slack
1294.**O fim do ciúme e outros contos** – Proust
1295.**A jangada** – Júlio Verne
1296.**A ilha do dr. Moreau** – H.G. Wells
1297.**Ninho de fidalgos** – Ivan Turguêniev
1298.**Jane Eyre** – Charlotte Brontë
1299.**Sobre gatos** – Bukowski
1300.**Sobre o amor** – Bukowski
1301.**Escrever para não enlouquecer** – Bukowski
1302.**222 receitas** – J. A. Pinheiro Machado
1303.**Reinações de Narizinho** – Monteiro Lobato
1304.**O Saci** – Monteiro Lobato
1305.**Memórias da Emília** – Monteiro Lobato
1306.**O Picapau Amarelo** – Monteiro Lobato
1307.**A reforma da Natureza** – Monteiro Lobato
1308.**Fábulas** ***seguido de*** **Histórias diversas** – Monteiro Lobato
1309.**Aventuras de Hans Staden** – Monteiro Lobato
1310.**Peter Pan** – Monteiro Lobato
1311.**Dom Quixote das crianças** – Monteiro Lobato
1312.**O Minotauro** – Monteiro Lobato
1313.**Um quarto só seu** – Virginia Woolf
1314.**Sonetos** – Shakespeare
1315(35).**Thoreau** – Marie Berthoumieu e Laura El Makki
1316.**Teoria da arte** – Cynthia Freeland
1317.**A arte da prudência** – Baltasar Gracián
1318.**O louco** ***seguido de*** **Areia e espuma** – Khalil Gibran
1319.**O profeta** ***seguido de*** **O jardim do profeta** – Khalil Gibran
1320.**Jesus, o Filho do Homem** – Khalil Gibran
1321.**A luta** – Norman Mailer
1322.**Sobre o sofrimento do mundo e outros ensaios** – Schopenhauer
1323.**Epidemiologia** – Rodolfo Sacacci
1324.**Japão moderno** – Christopher Goto-Jones
1325.**A arte da meditação** – Matthieu Ricard
1326.**O adversário secreto** – Agatha Christie
1327.**Pollyanna** – Eleanor H. Porter
1328.**Espelhos** – Eduardo Galeano
1329.**A Vênus das peles** – Sacher-Masoch
1330.**O 18 de brumário de Luís Bonaparte** – Karl Marx
1331.**Um jogo para os vivos** – Patricia Highsmith
1332.**A tristeza pode esperar** – J.J. Camargo
1333.**Vinte poemas de amor e uma canção desesperada** – Pablo Neruda
1334.**Judaísmo** – Norman Solomon
1335.**Esquizofrenia** – Christopher Frith & Eve Johnstone
1336.**Seis personagens em busca de um autor** – Luigi Pirandello
1337.**A Fazenda dos Animais** – George Orwell
1338.**1984** – George Orwell
1339.**Ubu Rei** – Alfred Jarry
1340.**Sobre bêbados e bebidas** – Bukowski
1341.**Tempestade para os vivos e para os mortos** – Bukowski
1342.**Complicado** – Natsume Ono
1343.**Sobre o livre-arbítrio** – Schopenhauer
1344.**Uma breve história da literatura** – John Sutherland
1345.**Você fica tão sozinho às vezes que até faz sentido** – Bukowski
1346.**Um apartamento em Paris** – Guillaume Musso
1347.**Receitas fáceis e saborosas** – José Antonio Pinheiro Machado
1348.**Por que engordamos** – Gary Taubes
1349.**A fabulosa história do hospital** – Jean-Noël Fabiani
1350.**Voo noturno** ***seguido de*** **Terra dos homens** – Antoine de Saint-Exupéry
1351.**Doutor Sax** – Jack Kerouac
1352.**O livro do Tao e da virtude** – Lao-Tsé
1353.**Pista negra** – Antonio Manzini
1354.**A chave de vidro** – Dashiell Hammett
1355.**Martin Eden** – Jack London
1356.**Já te disse adeus, e agora, como te esqueço?** – Walter Riso
1357.**A viagem do descobrimento** – Eduardo Bueno
1358.**Náufragos, traficantes e degredados** – Eduardo Bueno
1359.**Retrato do Brasil** – Paulo Prado
1360.**Maravilhosamente imperfeito, escandalosamente feliz** – Walter Riso
1361.**É...** – Millôr Fernandes
1362.**Duas tábuas e uma paixão** – Millôr Fernandes
1363.**Selma e Sinatra** – Martha Medeiros
1364.**Tudo que eu queria te dizer** – Martha Medeiros
1365.**Várias histórias** – Machado de Assis

lepmeditores

www.lpm.com.br

o site que conta tudo

IMPRESSÃO:

PALLOTTI
GRÁFICA

Santa Maria - RS | Fone: (55) 3220.4500
www.graficapallotti.com.br